『一带一路』列国人物传系 总主编◎王 丽

英国8人传

绅士之国

王灵桂 刘强伦 刘铨超◎主编

华文出版社
SINO-CULTURE PRESS

图书在版编目（CIP）数据

英国8人传 ：绅士之国 / 王灵桂，刘强伦，刘铨超主编. -- 北京 ：华文出版社，2019.2（2023.6 重印）
（“一带一路”列国人物传系）
ISBN 978-7-5075-4967-6

Ⅰ. ①英… Ⅱ. ①王… ②刘… ③刘… Ⅲ. ①人物－列传－英国 Ⅳ. ①K835.61

中国版本图书馆CIP数据核字(2019)第006316号

英国 8 人传

主　　编：王灵桂　刘强伦　刘铨超
责任编辑：谭　笑
出版发行：华文出版社
社　　址：北京市西城区广外大街 305 号 8 区 2 号楼
邮政编码：100055
网　　址：http://www.hwcbs.cn
投稿信箱：784263235@qq.com
电　　话：总 编 室 010-58336239　发 行 部 010-58336202/58336212
　　　　　责任编辑 010-58336237
经　　销：新华书店
印　　刷：三河市嵩川印刷有限公司
开　　本：880×1230　1/32
印　　张：7.375
字　　数：117 千字
版　　次：2019 年 2 月第 1 版
印　　次：2023年 6 月第 4 次印刷
标准书号：ISBN 978-7-5075-4967-6
定　　价：58.00 元

版权所有 侵权必究

“‘一带一路’列国人物传系”编辑委员会

指导单位：

中国文学艺术界联合会

中国社会科学院国家全球战略智库

编委会：

总主编：王　丽

副主编：唐得阳　王灵桂

委　员：（按姓氏笔画排序）

丁　冬　丁闻琦　丁　超　于　青　于福龙　马细谱　王　丽
王灵桂　王建沂　王郦久　王春阳　王洪起　王宪举　王　渊
文　炜　邓　伟　白明亮　冯玉芝　成　功　朱可人　刘　文
刘思彤　刘铨超　刘淅萍　安国君　孙钢宏　苏　秦　杜荣友
李一鸣　李永全　李垂发　李绍先　李玲玲　李贵方　李润南
宋　健　张　宁　张　敏　陈小明　邵诗洋　邵逸文　周由强
周　戎　周国长　庞亚楠　郑跃文　胡圣文　姜林晨　高子华
唐岫敏　唐得阳　董　鹏　韩同飞　景　峰　谢路军　翟文婧
鞠思佳

支持单位：

中国社会科学院俄罗斯东欧中亚研究所

北京融商一带一路法律与商事服务中心

法律顾问：

北京德恒律师事务所

总　序

群星闪耀“一带一路”

“2100多年前，中国汉代的张骞肩负和平友好使命，两次出使中亚，开启了中国同中亚各国友好交往的大门，开辟出一条横贯东西、连接欧亚的丝绸之路。”[①]2013年9月7日，中国国家主席习近平在哈萨克斯坦纳扎尔巴耶夫大学发表演讲，以博古通今的睿智对大学生们娓娓道来丝绸之路古老而年轻的故事。

“我的家乡陕西，就位于古丝绸之路的起点。站在这里，回首历史，我仿佛听到了山间回荡的声声驼铃，看到了大漠飘飞的袅袅孤烟。这一切，让我感到十分亲切。哈萨克斯坦这片土地，是古丝绸之路经过的地方，曾经为沟通东西方文明，促进不同民族、不同文化相互交流和合作作出过重要贡献。

① 《习近平谈治国理政》，外文出版社，2014年10月第1版，第287页。

东西方使节、商队、游客、学者、工匠川流不息，沿途各国互通有无、互学互鉴，共同推动了人类文明进步。”“不同种族、不同信仰、不同文化背景的国家完全可以共享和平、共同发展。这是古丝绸之路留给我们的宝贵启示”，“为了使我们欧亚各国经济联系更加紧密、相互合作更加深入、发展空间更加广阔，我们可以用创新的合作模式，共同建设‘丝绸之路经济带’”。[①]推己及人，高瞻远瞩，引领时代，习主席在阿斯塔纳[②]通过哈萨克斯坦人民，首次向世界发出了让古老的丝路精神再次焕发青春和光彩的时代宣言。

2013 年 10 月 3 日，习主席在印度尼西亚国会发表了题为《共同建设二十一世纪“海上丝绸之路”》的演讲：“东南亚地区自古以来就是‘海上丝绸之路’的重要枢纽，中国愿同东盟国家加强海上合作，使用好中国政府设立的中国—东盟海上合作基金，发展好海洋合作伙伴关系，共同建设 21 世纪‘海上丝绸之路’”，“发挥各自优势，实现多元共生、包容共进，共同造福于本地区人民和世界各国人民”。[③]这个倡议和 9 月 7 日的演讲异曲同工、

① 《习近平谈治国理政》，外文出版社，2014 年 10 月第 1 版，第 287 页。

② 哈萨克斯坦新首都名称。

③ 同①，第 293–295 页。

遥相呼应、互为映衬，完整地提出了“丝绸之路经济带”和“21 世纪海上丝绸之路”的宏伟构想。

从广袤的亚欧腹地哈萨克斯坦到风光旖旎的印度尼西亚，习主席提出的“丝绸之路经济带”和“21 世纪海上丝绸之路”吸引了世界各国的目光。从 2013 年 9 月至 2016 年 8 月，习近平出访 37 个国家（亚洲 18 国、欧洲 9 国、非洲 3 国、拉美 4 国、大洋洲 3 国），对“一带一路”倡议的总体框架和基本内涵做了充分阐述。和平合作、开放包容、互鉴互学、互利共赢的丝路精神，共商、共建、共享的合作理念，驱散了“去全球化”的阴霾，为增长低迷的世界经济注入新的动能。各国纷纷将本国经济发展与中国政府制定的《推动共建丝绸之路经济带和 21 世纪海上丝绸之路的愿景与行动》规划相衔接。“一带一路”倡导的政策沟通、设施联通、贸易畅通、资金融通、民心相通等“五通”，正在以基础设施、经贸合作、产业投资、能源资源、金融支撑、人文交流、生态环保、海洋合作等为载体和依托，在全球掀起了投资兴业、互联互通、技术创新、产能合作的新势头。2016 年中国牵头成立有 57 个成员国加入的亚洲基础设施投资银行（AIIB），2017 年 3 月 23 日迎来 13 个新伙伴。孟加拉配电系统升级扩容项目、印尼全国棚户区改造项目、巴基斯坦国家高速公路项目和塔吉克斯坦杜尚别至乌兹别克斯坦道路改造项目已经获得亚投行金融支持，共商共建成为现实。

“一带一路”倡议得到国际社会的热烈响应。2016 年 11 月 17 日，第 71 届联合国大会 193 个成员一致赞同，通过了第 A/71/9 号决议，欢迎“一带一路”倡议，敦促各国通过参与“一带一路”，呼吁国际社会为开展“一带一路”建设提供安全保障环境。2017 年 3 月 17 日，联合国安理会全票赞成，一致通过第 2344 号决议，呼吁国际社会凝聚援助阿富汗共识，通过“一带一路”建设等加强区域经济合作，敦促各方为“一带一路”建设提供安全保障环境。

2017 年 1 月，习近平主席在联合国日内瓦总部发表题为《共同构建人类命运共同体》的重要演讲，全面深入系统阐述人类命运共同体重大理念，在国际上引起热烈反响，受到各方普遍欢迎和高度评价。3 月 23 日，联合国人权理事会第 34 次会议通过关于“经济、社会、文化权利”和“粮食权”两个决议，决议明确表示要通过“一带一路”建设“构建人类命运共同体”。这是人类命运共同体重大理念首次载入人权理事会决议，标志着这一理念成为国际人权话语体系的重要组成部分。

“一带一路”不是中国的独角戏，是与亚、欧、非洲及世界各国共同奏响的交响乐。中国恪守联合国宪章的宗旨和原则，坚持开放合作、和谐包容、政策沟通，培育政治互信，建立合作共识，协调发展战略、促进贸易便利化及多边合作体制机制。中国携手 100 多个国家和地区，依托国际大通道，以陆上沿线中心城市为支撑，以重点经贸产业园区为合作平台，共同打造新亚欧大陆桥、中蒙俄、中国—中亚—西亚、中巴、孟中印缅、中国－中南半岛等国际经济合作走廊进展顺利，中欧班列在贸易畅通上动力强劲，风景亮丽；以海上重点港口为节点，共同建设通畅安全高效的运输通道，实现陆海路径的紧密关联和合作，太平洋、印度洋、大西洋上巨轮往来频繁，不亦乐乎。亚太经合组织、亚欧会议、大湄公河次区域合作等有关决议或文件，都体现了“一带一路”建设内容。丝路基金、开发性金融、供应链金融汇聚全球财富，建设绿色、健康、智慧与和平的丝绸之路，增进各国民众福祉。

“一带一路”是人类历史上从未有过的恢弘蓝图，也是横跨亚非欧连接世界各国的暖心红线。“丝绸之路经济带”包括中国经中亚、俄罗斯至欧洲（波罗的海），中国经中亚、西亚至波斯湾、地中海，中国至东南亚、南亚、印度洋；“21 世纪海上丝绸之路”包括从中国沿海港口过南海到印度洋再延伸至欧洲和到南太平洋。一路驼铃声声、舟楫相望，互通有无、友好交往。

在新的时代，在创新古老丝路精神的伟大进程中，习主席专门缅怀丝路开拓者，特意致敬古丝路精神奠基人：“我们的祖先在大漠戈壁上‘驰命走驿，不绝于时月’，在汪洋大海中‘云帆高张，昼夜星驰’，走在了古代世界各民族友好交往的前列。甘英、郑和、伊本·白图泰是我们熟悉的中阿交流友好使者。丝绸之路把中国的造纸术、火药、印刷术、指南针经阿拉伯地区传播到欧洲，又把阿拉伯的天文、历法、医药介绍到中国，在文明交流互鉴史上写下了重要篇章。千百年来，丝绸之路承载的和平合作、开放包容、互学互鉴、互利共赢精神薪火相传。”①这种吃水不忘挖井人的情怀，再次展现了中华民族不忘历史、纪念先贤、展望未来的优秀文化基因，也为中国传记文学学会参加“一带一路”建设指明了方向和道路。

在古老的丝绸之路上，我们不曾相忘：张骞出使西域到过的哈萨克斯坦，山高水长的好邻居巴基斯坦，双头鹰下横跨欧亚之国俄罗斯，草原之国蒙

① 习近平：《弘扬丝路精神，深化中阿合作》，2014年6月5日，习近平在中—阿合作论坛第六届部长级会议开幕式上的讲话，《人民日报》6月6日第1版。

古，喜马拉雅浮世天堂尼泊尔，菩提恒河保佑之国印度，文化瑰宝伊朗，首创法典之国伊拉克，红海门户之国也门，石油王国沙特阿拉伯，波斯湾明珠巴林，雪松之国黎巴嫩，海湾之秀科威特，沙漠之巅阿联酋，半岛明珠之国卡塔尔，波斯湾霍尔木兹海峡守门人阿曼，万湖之国白俄罗斯，欧亚十字路口土耳其，流着奶和蜜之地以色列，欧洲粮仓乌克兰，亚平宁半岛上的文化巅峰意大利，阿尔卑斯之巅的瑞士，玫瑰之国保加利亚，与灵魂对话的思辨之国德意志，欧洲文化殿堂法兰西，欧洲客厅比利时，郁金香之国荷兰，热情如火的西班牙，还有正在脱欧的绅士国度英国，北非金字塔之国埃及，非洲屋脊奉马蹄莲为国花的埃塞俄比亚，香草大岛之国马达加斯加，等等。

沿着海上丝绸之路，我们会领略丛林花园之国马来西亚，花园国度新加坡，千岛之国菲律宾，赤道翡翠之国印度尼西亚；沿澜沧江一路南下，我们不曾相忘澜湄泽润之国越南，千佛之国泰国，高棉的微笑之国柬埔寨，万象之都老挝，印度洋上明珠之国斯里兰卡，印度洋上的明星和钥匙毛里求斯，堆金积玉之国文莱，追求自由之国东帝汶，印度洋世外桃源马尔代夫，骑在羊背上的国家澳大利亚，上帝的后花园新西兰，等等。

“一带一路”沿线国家里，那些千百年来影响了人类与国家、民族命运并与中国曾经有过交往的古今人物，至今还能在教科书、影视剧里看到他们，还能感受到他们在一代一代年轻人身上所生发的影响和魅力。

当然，对于中国人来说，更为熟悉的是丝绸之路的开拓者。曾记否？丝绸之路开拓者中，有汉武帝和他的使节们，有首开大唐盛世的唐太宗及其无数臣民，有再续睦邻通商航海路的宋祖朝廷和无数先贤，还有金戈铁马风漫卷的元代人物，一统江山万里帆的明代人物，环球凉热自清浊的清代人物，东西碰撞溅火花的近代人物，还有经受风雨变迁、勇立海国之志的现代人物，更有丝路明珠敦煌莫高窟的守护者，卫国助邻的将军和通司中外的外交家们。当然，数风流人物，还看今朝，我们不能不浓墨重彩地讴歌那些智通商海，投身到新丝路建设中的当代人物。

耕云播雨，香火延续，智慧传承，历史再续！2100 多年的友好交往历史从未隔断，惠及三大洲的中西交通从未停歇，21 世纪的“中国梦”和“世界梦”汇成了人类命运共同体的时代和弦，响彻在“一带一路”辽阔的长空。也正因如此，2017 年 5 月，北京喜迎来自“一带一路”相关国家的元首、政府首脑、前政要、知名企业家和专家学者等各界代表，以及国际组织的负责人等千名领袖，出席"'一带一路'国际合作高峰论坛"。"千人盛会"共襄"团结互信、平等互利、包容互鉴、合作共赢"①之盛举，共商"沿线各国共同把蛋糕做大，一起分蛋糕"之合作共赢大计。这是中华民族和世界历史上都应该铭记的大日子。

以人物传记写作为己任的中国传记文学学会，在"一带一路"倡议实施中，肩负"讲好一带一路民心相通好故事"的使命和责任，这也是国家赋予我们的根本职责和任务。在中国文学艺术界联合会的领导下，在中国社会科学院国家全球战略智库指导下，中国传记文学学会以赤诚的家国情怀、强烈的时代精神、为人传记的责任担当，在认真调研、周密谋划、精心组织基础上，毅然决定倾注全力组织编写出版"'一带一路'列国人物传系"。此煌煌百卷传系讲述近千名各国人物故事，集数百位专家作家尽心挥毫，去冬今春，夜以继日……幸得中国出版集团公司华文出版社出版发行。于是，各位读者得以读到手中的这套活泼而不失厚重、有趣而不失学养的列国人物合传书卷。

---

① 习近平：《弘扬人民友谊，共创美好未来》，2013年9月7日，习近平主席在哈萨克斯坦纳扎尔巴耶夫大学的演讲。

孔子曰："仁者，人也。"让各国的先贤智者的思想光辉，照亮我们探索人类未来的道路。

传记明志，落笔为文，是为总序。

中国传记文学学会会长

"'一带一路'列国人物传系"编委会总主编

王丽 博士

2018年3月8日

General Editor's Preface

The Belt and Road Initiative was conceived in 2013. On September 7, 2013, Chinese President Xi Jinping proposed for the first time the blueprint in a speech at Nazarbayev University during his visit to Kazakhstan:

> Over 2,100 years ago during China's Han Dynasty, a Chinese imperial envoy Zhang Qian visited Central Asia twice to open the door to friendly contacts between China and Central Asian countries as well as the transcontinental Silk Road linking East and West, Asia and Europe.
>
> Shaanxi, my home province, is right at the starting point of the ancient Silk Road. Today, as I stand here and look back into history, I could almost hear the camel bells ringing in the mountains and see the wisps of smoke rising

from the desert. It has brought me close to the place I am visiting. Sitting on the ancient Silk Road, Kazakhstan has made important contributions to the exchanges and cooperation between different nations and cultures. This land has witnessed a steady stream of envoys, caravans, travelers, scholars and artisans traveling between the East and the West. The exchanges and mutual learning thus made possible have contributed to the progress of human civilization.

... Countries with differences in race, belief and cultural background are fully capable of sharing peace and development. This is the valuable inspiration we have drawn from the ancient Silk Road.

... To forge closer economic ties, deepen cooperation and expand development opportunities between Eurasian countries, we should innovate the mode of cooperation and jointly build an "economic belt along the Silk Road". ①
Considering the interests of the world commnity, taking a broad and long view and leading the new era, in Astana, President Xi, through the people of Kazakhstan, for the first time issued a declaration to the world that the old Silk Road

① Xi Jinping, *The Governance of China* (Beijing: Foreign Languages Press, 2014) 287.

spirit would once again be rejuvenated and radiant.

On October 3, 2013, President Xi brought up this topic again in his address to the Indonesian Parliament under the title "Jointly Building the 21st Century Maritime Silk Road":

> Southeast Asia has since ancient times been an important hub along the ancient Maritime Silk Road. China will strengthen maritime cooperation with ASEAN countries to make good use of the China-ASEAN Maritime Cooperation Fund set up by the Chinese government and vigorously develop maritime partnership in a joint effort to build the Maritime Silk Road of the 21st century. China is ready to expand its practical cooperation with ASEAN countries across the board, supplying each other's needs and complementing each other's strengths, with a view to jointly seizing opportunities and meeting challenges for the benefit of common development and prosperity. ①

The two talks framed the full picture of the

---

① Xi Jinping, *The Governance of China* (Beijing: Foreign Languages Press, 2014) 293-295.

conceptual "Silk Road Economic Belt" and the "21st Century Maritime Silk Road", which are collectively referred to as "The Belt and Road Initiative". Between September 2013 and August 2016, President Xi visited 37 countries (18 in Asia, 9 in Europe, 3 in Africa, 4 in Latin America and 3 in Oceania), giving a full exposition of the Belt and Road Initiative, from its overall framework to various details. The milieus of peaceful and all-win cooperation, financial integration, trade liberalization, and people-to-people bonds dispel the haze of anti-globalization and inject new vitality to the stagnant world economy.

The Belt and Road Initiative has been received with global enthusiasm. On November 17, 2016, all 193 member states of the United Nations unanimously passed the Resolution No. A/71/9 during the 71st Session of the United Nations General Assembly. This resolution endorsed China's Belt and Road Initiative, encouraged UN member countries to participate in the Initiative, and urged the international community to provide a safe environment for the implementation of the Initiative.

The Belt and Road Initiative is not a solo of China, but a symphony of countries from Asia, Europe, Africa and the rest of the world. By observing the Charter of the United Nations, China adheres to openness and cooperation, harmony and inclusiveness as well as policy coordination in order to bolster mutual political trust, reach cooperation consensus, coordinate development strategies, facilitate trade, and introduce multilateral cooperation mechanisms. China has established partnerships with over 100 countries and international organizations with the goal of jointly building a new Eurasian Land Bridge and developing China–Mongolia–Russia, China–Central Asia–West Asia, China–Pakistan, Bangladesh–China–India–Burma, and China–Indochina Peninsula economic corridors by taking advantage of international transport routes, relying on core cities along the Belt and Road and using key economic industrial parks as cooperation platforms. At sea, the Initiative will focus on jointly building smooth, secure and efficient transport routes connecting major sea ports along the Belt and Road, so as to achieve a closer connection and cooperation between land and sea routes, with the Pacific, Indian and Atlantic Oceans frequented by ships and vessels. Meanwhile, the Asia-Pacific Economic Cooperation

(APEC), the Asia-Europe Meeting (ASEM), the Greater Mekong Subregion (GMS) Economic Cooperation and many other regional cooperation mechanisms have included the Belt and Road Initiative in their relevant resolutions and documents.

We shall never forget the countries along the ancient Silk Road: Kazakhstan, the country visited by the Han Dynasty imperial envoy Zhang Qian; Pakistan, China's friendly neighbor bound by mountains and rivers; Russia, a country symbolized by a double headed eagle; Mongolia, the prairie country; Nepal, the paradise on the Himalayas; India, a land blessed by the holy river Ganges; Iran, a country full of cultural treasures; Iraq, the country where the famous *Code of Hammurabi* originates from; Yemen, the gate to the Red Sea; Saudi Arabia, the kingdom of petroleum; Bahrain, the pearl of the Persian Gulf; Lebanon, a country of cedars; Kuwait, a rising star of the Persian Gulf; United Arab Emirates, a diamond on the desert; Qatar, a gem on the Arabian Peninsula; Oman, the gatekeeper of the Hormuz Strait; Byelorussia, a country with myriad lakes; Turkey, the center of the crossroads of Eurasia; Israel, a country full of milk and honey; Ukraine, the granary of Europe;

Italy, the pinnacle of culture on the Apennine Peninsula; Switzerland, a country in the Alps; Bulgaria, the land of roses; Germany, a home to great minds; France, the cultural palace of Europe; Belgium, the drawing room of Europe; the Netherlands, a garden of tulips; Spain, the land of passion; United Kingdom, the country of gentlemen which is breaking from the EU; Egypt, a country of pyramids in North Africa; Ethiopia, the roof of Africa whose national flower is Calla Lily; Madagascar, the island nation where vanilla grows, and so on.

The Maritime Silk Road links Malaysia, a country of forests and gardens; Singapore, the flowery country; the Philippines, the country of a myriad of islands; and Indonesia, the emerald of the equator. Along the Lantsang River down to the south, we will pass Vietnam, the land nourished by the Mekong River; Thailand, a country of thousands of Buddhist temples; Cambodia, the home to Khmer smiles; Laos, the land of a million elephants; Sri Lanka, a bright pearl in the India Ocean; Mauritius, the shining star and key of the Indian Ocean; Brunei, a kingdom of gold and green; East Timor, a nation of independence; Maldives, a paradise in the India Ocean; Australia, the nation riding on the sheep's back; New

Zealand, the back garden of God, and so forth.

In the countries along the Belt and Road, names of distinguished figures, ancient or modern, who have affected the destiny of mankind, who have rewritten the history of nations, and who have had contacts with China, can still be found in today's textbooks, films and TV shows. We can still feel their enduring influence and charm on generations of young people.

Of course, for the Chinese people, the pioneers of the ancient Silk Road are more familiar. Yet, those who have devoted themselves to the building of the new Silk Road equally deserve our respect. In May 2017 during the Belt and Road Forum for International Cooperation, Beijing welcomed thousands of guests from around the world, including heads of state, heads of government, former politicians, business leaders, experts, scholars, and principals of international organizations. They gathered together in the common spirit of solidarity and mutual trust, equality and mutual benefit, inclusiveness and mutual learning, and win-win cooperation, to discuss how countries along the Belt and Road can work together to make the "pie" bigger and shared by all for mutual benefit.[①] This is a big day that should be remembered as a landmark in the history of the Chinese nation and the world.

The Biography Society of China, which makes it its mission to promote biography writing, shoulders the task and responsibility of telling well the stories of friendly exchanges among people of countries along the Belt and Road. This is also the fundamental duty and task assigned to us by our nation. Therefore, through careful investigation and passionate planning, the Biography Society of China decided to publish a hundred-volume series titled *Remarkable Lives Along the Belt and Road*. This project receives support from the China Federation of Literary and Art Circles and guidance from the National Institute of International Strategy of Chinese Academy of Social Sciences. From last winter till this spring, hundreds of experts were working around the clock on the biographies of a thousand remarkable lives. Here the series is presented to you.

As Confucius said, "Humanity is of humans". Let the lights of those great minds and lives illuminate our future

---

① Xi Jinping, "Promote People-to-People Friendship and Create a Better Future", Speech delivered at the Nazarbayev University, Kazakhstan, September 7, 2013.

path of exploration.

Comments, criticism and suggestions will all be appreciated.

Dr. Wang Li
Chairwoman:
The Biography Society of China
General Editor:
Remarkable Lives Along the Belt and Road
March 8, 2018

目 录

Contents

引 言

在英国有这样一个传说：在一位国王去世后，因无法确定新的国王，英格兰陷入混乱之中。这时，教堂墓地的一块巨石中，出现了一把金光闪闪的宝剑，周围还赫然写着一行金字："凡能从石台上拔出此剑者，他就是英格兰全境的国王。"全国骑士应召而来，却没有一个骑士能够拔出这把剑。于是，只好采取比武的方式选拔国王。一个骑士没有带武器，情急之下，他的表弟就去拔那把石中剑。没有想到，这个小男孩竟然轻松地拔出了这把剑。原来，这把宝剑只有具备善良、正直、仁爱、忠诚、礼貌等各种美德的人才能拔得出来。这个小男孩就是亚瑟王，他率领英格兰走向统一、富强，被英格兰人推崇为“永恒之王”。

英国，全称为大不列颠及北爱尔兰联合王国（United Kingdom of Great Britain and Northern Ireland），又称联合王国（United Kingdom），因主体在英格兰，故简称英国。英国本土位于欧洲大陆西北面，由不列颠岛的英格兰、威尔士和苏格兰，北爱尔兰以及一系列附属岛屿组成，被北海、英吉利海峡、凯尔特海、爱尔兰海和大西洋包围。本土面积 24.41 万平方千米（包括内陆水域），总人口 6564 万（2016 年数据），主要人口为英格兰人、威尔士人、苏格兰人与爱尔兰人，此外还有印巴裔（约占 4%）、非洲裔（约占 2%）和华裔（约占 0.4%）等。居民多信奉基督教新教，另有天主教及伊斯兰教、印度教、锡克教、犹太教和佛教等较大的宗教社团。华人移民英国已有 200 多年历史，2016 年在英华侨华人约为 65 万人。

不列颠（Britain）这个词来源于古凯尔特语，意思是“多彩”。英国是一个美丽富饶、缤纷多彩的岛屿国家。四周环海的岛屿各有千秋，蓝天碧水、阳光沙滩、草原牧场、梧桐小道，徜徉其中，醉闻花香，感受海风，让人流连忘返，仿佛置身世外桃源。如果说憨厚可爱的大熊猫是中国的国宝级动物，那么在英国就不得不提那人尽皆知的红胸鸲了。此鸟体型娇小，体长大约

15厘米，灰黑色的脑袋、红橙色的小脸俏皮喜人。英国人十分喜爱红胸鸲，尤其崇拜雄性红胸鸲，因为它们对自己所建的疆域，有着敏锐的勘察力和极强的保护能力。人送美称“上帝之鸟”。

同中国相比,英国的历史并不太长。公元1—5世纪，英国还是罗马帝国的一个行省。公元409年罗马人撤走后，盎格鲁人、撒克逊人、朱特人相继进入并定居，到7世纪初，这些人先后建立起7个强国，史称“七国时代”。1066年，法国诺曼底公爵渡海征服英格兰，加冕为英王威廉一世，建立王权，对巩固英国的政治秩序发挥了积极作用。1215年英国《大宪章》出台，为后人起到了立宪示范。1337—1453年，英国同法国进行了“百年战争”，这是世界上历时最长的战争之一。英国战败后，转向海上发展。1588年，英国战胜西班牙的无敌舰队,成为新的“海上霸主”。1640—1688年，英国爆发了具有世界历史意义的资产阶级革命，在全球率先确立了君主立宪制政治体制。18世纪下半叶至19世纪上半叶，英国又在全球率先进行并完成第一次工业革命，从而成为当时世界最为富裕与强大的国家。在此基础上，英国到处扩张，建立起了一个有史以来领土面积最大的国家和最大的环球殖民帝国。鼎盛时期，这个帝国大约有四五亿人口，占当时世界总人口的1/4；领土约3367万平方千米，占到了世界陆地总面积的 1/4，并分布全球各地，因而被称为“日不落帝国”。今天，“日不落帝国”已不复存在，但还有一个主要由前殖民地和保护国组成的英联邦（Commonwealth of Nations），其成员国共有53个，人口总数23.28亿（2014年数据）。其中，包括英国在内，共有 16 个国家以英国国王为国家元首。英联邦各成员国的内政和外交完全独立，在当今国际事务中的影响比较有限。

英国国旗呈横长方形，长与宽之比为 2∶1，被称为米字旗，由深蓝底色和红、白色米字组成。旗中带白边的红色正十字代表英格兰守护神圣乔治，白色交叉十字代表苏格兰守护神圣安德鲁，红色交叉十字代表爱尔兰守护神圣帕特里克。此旗诞生于 1801 年，是由原英格兰的白底红色正十旗、苏格兰的蓝底白色交叉十字旗和北爱尔兰的白底红色交叉十字旗重叠而成，形成一个“米”字。而威尔士的旗帜并没有被融入英

1801 年诞生的大不列颠联合王国（英国）国旗

国国旗，威尔士的是绿白各半的底和一个红色火龙。

英国国徽

英国国徽即英王徽。中心图案为一枚盾徽，盾面左上角和右下角红底上3只金狮，象征英格兰；右上角为金底上半站立的红狮，象征苏格兰；左下角为蓝底上金黄色竖琴,象征北爱尔兰。盾徽两侧各由一只头戴王冠、代表英格兰的狮子和一只代表苏格兰的独角兽支扶着。盾徽周围是嘉德勋章，用法文写着一句格言，意为“心怀邪念者可耻”；下端悬挂饰带上写着“天有上帝，我有权利”。盾徽上端为镶有珠宝的金银色头盔、帝国王冠和头戴王冠的狮子。

英国政体为议会制的君主立宪制。国王是国家元首、最高司法长官、武装部队总司令和英国圣公会的最高领袖，形式上有权任免首相、各部大臣、高级法官、军官、各属地的总督、外交官、主教及英国圣公会高级神职人员等，并有召集、停止、解散议会，批准法律，宣战和停战等权力，但实权在内阁。

英国议会创建于13世纪，迄今已有800多年的历史，被称为“议会之母”。议会是英国的最高立法机关，政府从议会中产生，并对其负责。英国议会由上院（House of Lords）、下院（House of Commons）组成，主要职能是立法、控制财政和监督政府，在司法和外交等领域也发挥作用。其中，上院的职权主要是：提出法案；在立法程序中可以拖延法案生效；审判弹劾案；行使国家最高司法权。下院是代议制民主的标志，主要职责是：具有立法职能，两院均可以提出立法，但立法议案通常源自下议院。英国大选就是指议会下院议员的选举，上院议员终身制，非选举产生，是册封的。英国大选每届原则上相隔5年（最长不能超过5年），但首相有权提请女王提前解散议会，举行大选。每次大选后获得议席最多的政党为执政党，其党魁由女王任命为首相，组建政府，对议会负责。下院第二大党则成为法定反对党，组成“影子内阁”，监督政府。议会其他政党也享有反对党的权力。

英国现有9个主要政党，工党与保守党在议会下院中的议席远远超过其他政党。其他小党是两大党竞争时争取的对象，对政府决策通常无实质影响。当前的三大政党是：（1）保守党（Conservative Party）：现议会第一大党。2017年7月，该党领袖特蕾莎·梅当选为首相，并兼首席财政大臣、文官大臣。（2）工党（Labour Party）：长期与保守党轮流执政，最长的一次是1997年至2010年连续执政13年。（3）自由民主党（Liberal Democrat Party）：议会第三大党。2010年5月大选后，与议会第一大党保守党达成协议，组建联合政府，获得5个内阁席位，首次成为执政党。

英国内阁是一个包括多个由首相任命的政府部门组成的官方体制，多数成员是高级的政府大臣。内阁的正式成员根据惯例必须是议会议员，下院开会时，坐在前排议席，也被称为前座议员。内阁向议会负责有两种宪政习俗：集体内阁责任和个人部长责任。集体内阁责任意指全内阁需要承担全体决策的后果；当议会通过不信任动议时，全内阁各位大臣均须辞职（成为普通国会议员）。个人部长责任意指各位内阁大臣需要承担属下部门决策的后果。

英国是重要的经济强国与世界金融中心之一，也是全球富裕、经济发达和生活水准较高的国家之一。农业高度集中，高度机械化，并且效率十分高：1%的劳动人口能够生产本国大约60%的人口所需的食品。工业方面，英国是欧洲最大的军火、石油产品、电脑、电视和手机的制造地，主要能源生产大约占总GDP的10%，在工业国家算是非常高的。服务业，特别是银行业、金融业、航运业、保险业以及商业服务业占GDP

的比重最大，而且处于世界领导地位，首都伦敦更是世界数一数二的金融、航运和服务中心。据国际货币基金组织的资料，2016 年，英国的 GDP 总量在世界排名第五，仅次于美国、中国、日本和德国；人均 GDP 达到 4 万余美元，在全球排在第二十一位，在大国中仅次于美国、澳大利亚、加拿大和德国。

英国外交长期以英美、英欧关系为主要战略支点。2016 年 6 月，英国举行全民公投决定脱离欧盟，给英欧关系造成了剧烈冲击。其后，英国提出了“全球化英国”的新目标。2017 年 10 月 2 日，英国首相特蕾莎·梅在保守党伯明翰大会上对“全球化英国”做出专门表述，提出英国要“超越欧洲大陆，在更广阔世界中寻找经济和外交机遇”，认为“脱欧能让英国站得更高、更为自信，并且塑造一个有雄心的、乐观的世界新角色”。然而，脱欧当前对英国的影响是负面的。欧盟统计局称，欧元区 2017 年的年增长率为 2.5%，是 2007 年以来的最高水平，高于前一年的 1.8%。这种增速超过了美国和英国，美国 2017 年的增长率为 2.3%，英国为 1.8%。国际权威咨询机构 Buzzfeed 在 2018 年年初认为，在最生硬的英国脱欧情形下，英国经济规模在 15 年内将受到 8% 的负面冲击；而最温和的情形下，经济增长率将因此放缓 2%。

英国于 1950 年 1 月 6 日承认中华人民共和国，是第一个承认新中国的西方大国。中英于1954年6月17日建立代办级外交关系，1972年3月13日升格为大使级。此后40多年，中英关系历经波折，总体上朝着积极稳定的方向发展。2015年10月，习近平主席对英国进行国事访问。访问期间，中英两国发表《中英关于构建面向21世纪全球全面战略伙伴关系的联合宣言》，开启持久、开放、共赢的中英关系“黄金时代”。

在经贸关系上，2014年，中英双边贸易额曾突破800亿美元，其后两年有所下降。2015年，中英双边贸易额785.2亿美元，同比下降1.85%。2016年，中英双边贸易额743.4亿美元，同比下降5.3%。2017年，中英双边贸易额恢复增长。根据中国海关统计，2017年，中英双边货物贸易额790.3亿美元，同比增长6.3%。与1972年两国建交时的3亿美元相比，2017年中英贸易额增长了263倍。目前，英国是中国在欧洲第二大贸易伙伴、第二大投资目的国和第二大实际投资来源地，中国是英国在欧洲外第二大贸易伙伴。

英国对“一带一路”倡议态度积极。

2015年3月12日，英国向中方提交了作为意向创始成员国加入亚洲基础设施投资银行（亚投行）的确认函，正式申请加入亚投行。其后，英国成为西方国家中的第一个亚投行的意向创始成员国。

2015年10月访英期间，习近平指出，中英两国产业结构互补性强，共同倡导开放市场的理念相近，推进自由贸易、扩大双向投资的意愿相同。中英在“一带一路”框架内开展合作大有可为，潜力巨大。习近平还在伦敦金融城举行的中英工商峰会上，再次阐释了他于 2013 年提出“建设丝绸之路经济带”和“21 世纪海上丝绸之路”的倡议。习近平指出：“这条路不是某一方的私家小路，而是大家携手前进的阳光大道。”他还指出，“一带一路”是开放的，源于古丝绸之路但不限于古丝绸之路，地域范围上东牵亚太经济圈，西接欧洲经济圈，是穿越非洲、环连亚欧的广阔“朋友圈”，所有感兴趣的国家都可以添加进入“朋友圈”。这一表述，引发英国各界和世界各国的高度关注。

2017 年 5 月，英国首相特使、财政大臣哈蒙德（Phillip Hammond）受邀参加在北京举行的“一带一路”国际合作高峰论坛。哈蒙德对中国国家主席习近平提出的“一带一路”倡议表示赞扬，认为是一项开创性的壮举，并表示英国是“一带一路”倡议的“天然伙伴”。“英国非常支持‘一带一路’倡议已经取得的成果，它作为一个加强地区间合作的重大机遇，后续发展也相当值得期待。”哈蒙德在发言中还说：“离开欧盟后，我们希望与欧盟伙伴继续保持密切开放的贸易伙伴关系，同时也会在全世界范围内积极寻求自由贸易伙伴，将与更多国家开启自由贸易协议谈判。我们希望有更多贸易往来，而不是减少贸易活动，这与中国的主张是一致的。”

2018 年 2 月 1 日，国家主席习近平在钓鱼台国宾馆会见来华进行正式访问的英国首相特蕾莎·梅。

习近平指出，英国是最早承认新中国的西方大国。建交以来，两国各领域合作硕果累累。2015 年他对英国进行了成功访问，双方共同揭开了中英关系“黄金序章”。中方愿同英方一道，推动中英关系在新时代健康稳定发展，为两国人民带来更多福祉，为世界繁荣稳定提供更多助力。习近平强调，当前，世界多极化、经济全球化、社会信息化、文化多样化深入发展，人类命运休戚与共，和平、发展、合作、共赢已经成为时代主流。中英双方应顺应时代潮流，结合两国各自发展阶段和合作需求，赋予中英关系新的时代内涵，共同打造“黄金时代”增强版。一要提升中英关系“黄金时代”战略性，从战略高度和全局角度看待和规划双边关系未来发展。继续办好战略、财经、人文等高层对话机制，不断夯实“黄金时代”的政治基础。加强两国立法机构、政党、两军对话交流，增进相互理解，尊重和照顾彼此核心利益和重大关切，以建设性方式处理好敏感问题。二要增强中英关系“黄金时代”务实性，推动两国经贸合作再上新台阶。加强两国发展战略对接，深化在金融、核电、投资等领域合作，探索在人工智能、绿色能源、数字经济、共享经济等新业态的合作。中方支持经济全球化和贸易自由化。“一带一路”是公开、透明、开放、包容、互利共赢的倡议，秉持共商、共建、共享的原则，在市场规律和国际规则下运作。中英双方可以在“一带一路”框架内开展更大范围、更高水平、更深层次的互利合作。三要拓展中英关系“黄金时代”全球性，深化在联合国、二十国集团、世界贸易组织等多边机构内交流合作，推动解决气候变化等全球性问题，共同促进世界和平与稳定。四要促进中英关系“黄金时代”包容性，发扬两国文明兼收并蓄、博采众长的传统理念，加强人文交流，增进两国交往和友谊，夯实两国关系民意基础，为促进东西方文明交流互鉴、不同文明国家“和合共生”树立典范。

特蕾莎·梅表示，其赞同习近平主席对英中关系的评价。习主席2015年对英国成功的国事访问，开启了英中关系的“黄金时代”，推动了两国各领域关系的深入发展。英方在许多全球性问题上同中方看法相近，重视中方在国际事务中的重要作用。习主席2017年在世界经济论坛的讲话广受国际社会欢迎。习近平主席提出的“一带一路”合作倡议具有深远的世界影响，希望英中开展“一带一路”合作，促进全球和区域经济增长。英国主张自由贸易，愿同中方加强贸易、投资、科技、环境、人文、互联网等领域务实合作，密切在重大国际和地区问题上沟通协调，共同致力于推进英中面向 21 世纪全球全面战略伙伴关系。

对中国而言，英国是一个非常重要的合作伙伴，让人耳熟能详的人物不少，如有：

莎士比亚，世界文学史上最杰出的戏剧家和作家。

亚当·斯密，现代经济学的主要创立者，世界著名的“经济学之父”。

达尔文，进化论的伟大奠基人，享誉全球的生物学家。

狄更斯，19 世纪英国最伟大的现实主义作家。

牛顿，世界著名的数学家、物理学家和天文学家。

丘吉尔，20 世纪最重要的政治领袖之一，与美国总统罗斯福、苏联最高领导人斯大林并称为第二次世界大战的三巨头。

撒切尔夫人，英国历史上第一位女首相，世界知名的政治“铁娘子”。

还有那个“英国最美的女人”，去世 20 余年还能在全球产生轰动效应的现象级人物——戴安娜王妃。

期待吗？想要了解一个不一样的英国，就从认识这些不一样的英国人开始，让我们来一探究竟吧！

世界文学丰碑——莎士比亚

威廉·莎士比亚（William Shakespeare，1564—1616），英国文学史上最杰出的戏剧家，也是全世界最重要、最伟大的作家，最卓越的文学家之一。出生于维克郡斯特拉特福。16世纪末到17世纪初的20多年，莎士比亚在伦敦开始了成功的职业生涯，他不仅是演员、剧作家，还是宫内大臣剧团（后来改名为国王剧团）的合伙人之一。1613年前后，莎士比亚退休回到埃文河畔斯特拉特福，3年后逝世。他流传下来的作品包括37部戏剧、154首十四行诗、两首长叙事诗。主要代表作有：《哈姆莱特》《奥赛罗》《李尔王》《麦克白》《罗密欧

威廉·莎士比亚画像

与朱丽叶》《仲夏夜之梦》《威尼斯商人》《第十二夜》《皆大欢喜》。他的戏剧被译成多种语言，其表演次数远远超过其他任何戏剧家的作品。

400余年来，莎士比亚一直受到世界各国人的高度尊重，是世界人民心目中一直矗立不倒的文学丰碑。1995年11月，联合国教科文组织第28次大会通过决议，宣布每年4月23日为世界图书和版权日（简称世界读书日）。4月23日这一天，既是莎士比亚的诞生日，也是他的辞世日。

1. 从镇长之子到避难伦敦

1564年4月23日，威廉·莎士比亚出生于英国中部维克郡埃文河畔斯特拉特福镇一个富裕的市民家庭。他的父亲约翰·莎士比亚是经营羊毛、皮革制造及谷物生意的杂货商。父亲的生意做得比较顺利，每天都会有很多人去家里的杂货店购买生活用品，他们这个小家庭的日子也过得红红火火。

父亲不仅在生意上如鱼得水，在政治方面也有自己的见解和风格。在莎士比亚 1 岁多的时候，父亲接任了镇民政官，在当地的镇里变得小有名气。约翰为人聪慧、办事灵活、做人诚恳。在作为民政官的 3 年里，约翰不仅扩大了自己的生意，更处理了很多乡里之间难缠的事情。在民众的心里，约翰的表现很出色，这为他之后的政治道路发展打下了一定的基础。正是因为约翰的不懈努力，3 年后他顺理成章地被选为镇长。

作为镇长的父亲十分看重小莎士比亚的教育问题，在家的时候总是教他比同龄孩子更多的知识，这也使他在上学前有了充分的知识储备。小莎士比亚 7 岁时，父亲把他送到当地的一个文法学校念书。他非常高兴能在学校和其他小伙伴一起学习。对于小莎士比亚而言，他拥有聪慧的天资，从小就表现出卓尔不凡的学习能力。小莎士比亚并不喜欢学校的安排，这里的日常生活显得平淡无奇，但是他有自己的朋友圈，课间的时候经常会和小朋友在一起玩一些诸如互相讲故事、背诗等有意义的游戏。他们经常会比赛谁讲的故事更精彩，谁读的诗更能引起大家的共鸣。每每有这样的活动，小莎士比亚都是活动中最活跃的一个，只要有讲故事的活动，就一定会有莎士比亚的身影，并且每次他一定是最后的那个胜出者。有的时候在课间活动时，每当同学们坐在一起，便吵闹着要求威廉·莎士比亚讲故事。丰富的课余生活加上莎士比亚在学习上独特的天资，使得他在文法学校的6年中掌握了很多学习上的基本技巧与丰富的知识。为了更加丰富自己的个人知识，他还学过拉丁语和希腊语，他惊人的语言天赋总是让所有认识他的人对他赞叹不已。

随着小莎士比亚逐渐长大，父亲也因为工作上的事情渐渐忙碌起来。小莎士比亚十分懂事，他在闲暇的时候，还会帮父亲卖货、上货，照看家里的生意。但是，他大多数时间还是在读自己喜欢的书，有时还会因为在自家的杂货店里看得入迷，而没有听见顾客说话。很多到杂货店里买东西的顾客，看到如此勤奋好学的小莎士比亚都十分欣赏，有时候都不忍心去打扰他学习，而是悄悄地把钱放好，拿着要买的东西安静地离开了。

富足的儿时生活，使莎士比亚可以安心学习他想要学到的知识。可好景不长，生活不总是一帆风顺的，因为父亲忙于政务而忽略了对店铺的管理，店铺的生意变差，再加上后来父亲在从政道路上遇到瓶颈，家庭的多重压力使得日常生活也变得拮据起来。他未能读到毕业，不得不走上了独自谋生的道路。

1577年，小莎士比亚被父亲从学校接回家，不得已只能待在家里，并做一些零工来维持生计。在这段艰难的岁月里，他当过肉店学徒，也在乡村学校教过书，还干过其他的职业。这些经历使他增长了许多社会阅历，品尝了不同职业的辛酸，感受到不同人的生活特点，也让他见到了社会的种种弊病。这段不平凡的经历，给正在成长的莎士比亚增添了一笔不可复制的财富，为他以后的戏剧创作提供了十分丰富的素材，并激发了他的创作潜能。

莎士比亚在斯特拉特福小镇居住时，就已经对戏剧表演非常熟悉了。在镇子中，经常会有一些流动剧团到当地卖票演出。平静的小镇生活，因为这些文艺演出而变得热闹起来。只要有剧团来，镇子上的居民都会抽空去看，莎士比亚更是喜欢得不得了。他每次都会向父亲要一些零钱，买上廉价却又位置比较好的座位票去看演出。对莎士比亚来讲，他最爱看的就是喜剧了，当地的民众大多数也喜欢讽刺权贵的幽默喜剧。因此，剧团为了演出效果也会尽可能多地安排演出喜剧剧目，以博得观众的欢声笑语，获得较好的门票收益。每当那些大腹便便的人笨拙地走上舞台时，观众就知道这个人不是财主就是霸道而蠢笨的政要；

每当那些佝偻着背的可怜巴巴的瘦小老人迈着蹒跚的脚步走上台时，观众就能大致明白这是个贫苦的衣食不济的可怜人；每当有王子和公主挥泪分别的戏份时，观众都盼望着有情人终成眷属……这些在戏剧中被设定好的人物身份的象征，都已经成为每个观众心中默认的角色形象。

戏剧表演不仅丰富了小镇居民的业余生活，还让戏剧这一表演形式深入人心。莎士比亚从小就非常喜欢戏剧，每次看到有这样的表演时，都会聚精会神地把整个表演看完，有时候为了避免中途离场，他会在看戏剧之前少喝水，还要提前去厕所方便，生怕错过什么好的情节。看得多了，莎士比亚甚至可以根据自己的经验大致推断出情节的发展。有一次，一场戏正在如火如荼地上演着，他突然说出接下来他认为要演的情节，没想到居然说对了。过了一会儿，他又自言自语地预测了一下接下来的情节，这次又对了。在他身旁坐着一个剧团的人，他不解地问莎士比亚："小孩子，这部戏是第一次演出，你是如何知道戏的发展的呢？"莎士比亚微笑着回答道："我也只是猜测了一下，没想到竟然让我猜对了。"他的回答让剧团的人很吃惊，他根本不相信这样一个小孩子竟然有如此强大的戏剧编剧思维，不由得对他表示了赞许。莎士比亚笑了笑，为了避免对别人的不礼貌，也为了专心看戏，他后来只是自己默默地猜着情节，没再向人说出自己的想法。久而久之，每次看戏对他来说都是一种学习，他也总是在看戏的同时思考着剧情的发展。这样，在莎士比亚还没有从事戏剧创作之前，他的脑海里不知道已经装了多少或有趣或悲伤或疯狂或讽刺的故事了。

时间飞逝，莎士比亚很快就长成了一个 18 岁的青年。1582 年，经镇上的人介绍，他与一个农民的女儿——安妮·海瑟薇一起步入了婚姻的殿堂。第二年他们就迎接了长女苏珊娜的到来。在女儿 3 岁的时候，莎士比亚和妻子又生下了一对龙凤胎。这个家庭顿时热闹了起来，全家人都在为这两个新生命的到来而感到无比地开心。莎士比亚征求了妻子的意见，给他们的儿子取名叫哈姆尼特·莎士比亚，女儿叫茱蒂丝。

莎士比亚有了双胞胎孩子一年之后，一天，为了给孩子们弄些野味吃，他悄悄地来到了一个叫托马斯·露西的富裕财主兼地方行政长官的土地上偷猎。他瞄上了一只兔子，猫着腰一直跟在兔子身后，想找机会下手。可能是他太专注的缘故，没能看到管家正在不远处盯着他的一举一动。就在他刚要抓到兔子的时候，被托马斯的管家呵斥住了。当莎士比亚反应过来要逃跑时，已经晚了。他不仅被抓住了，还为此挨了打。莎士比亚十分恼怒，出于报复，他写了一首讥讽大财主的打油诗。因为写得贴切，没过多久这首诗便传遍了整个乡村。托马斯无论走到哪里，总有人用这首打油诗来嘲笑他。托马斯非常恼火，于是想惩罚莎士比亚。莎士比亚不得不离开斯特拉特福小镇，前往伦敦避难。

丈夫远走他乡，妻子安妮·海瑟薇迫于无奈，只能独自抚养3个孩子。虽然莎士比亚一直往家里寄钱，孩子和妻子的生活不成问题，但不幸的事情还是发生了。1596年8月11日，11岁的哈姆尼特死于疫病。面对这突如其来的打击，安妮·海瑟薇变得十分悲伤而脆弱，整个人的精神都萎靡起来。幸好她的大女儿十分懂事，为妈妈分担家务，还经常安慰妈妈，给了这个母亲些许的宽慰。很快，远在伦敦的莎士比亚知道了这个噩耗，立即回到家乡，与妻子共同面对这一悲痛的事情。回到家后，他一面安抚妻子，一面照顾孩子，这给了安妮重新振作的信心。一段时间后，为了工作，也为了这个家，莎士比亚再次踏上离开家乡的路。临走前他保证，无论多忙，每年都会回到家乡与妻子和孩子一起住上一段时间。

2. 从马夫到剧作家

莎士比亚1587年来到伦敦后，因为对戏剧的热爱，到一家戏剧院工作。开始，他在剧院当马夫、杂役，虽然这并不是他想要的工作，但莎士比亚还是尽力做

戏剧家威廉•莎士比亚

好每一个他接手的工作，戏剧团的团长和其他演员都非常欣赏他这种工作态度。

莎士比亚一边工作，一边看剧团的排练和演出，他的戏剧修养不知不觉地有了很大的提高。一天，莎士比亚照旧为演员准备服装、道具，为一部新编戏剧的最后一次彩排做准备。彩排即将开始时，有一个演员因为妻子病危，匆忙地离开剧团回家。正在全团人都发愁怎么找到人代替这个角色时，正在摆放道具的莎士比亚随口把这个离去演员的所有台词一字不差地背了出来。当莎士比亚准备去忙别的工作时，团长把他叫住了，让他临时接替那个演员。在第二天的公演中，莎士比亚虽然只饰演了一个小角色，但他惟妙惟肖的动作，恰到好处的表演，在观众的心中留下了十分深刻的印象。团长被他的表现惊呆了，戏演完当天，便和他进行了一次深入的谈话。

团长很好奇地问了他一连串的问题："你真的是

第一次登台表演吗？你怎么能够表现得那么出色？台词是什么时候记住的？人物性格怎么会拿捏得那么到位？”语气中充满了对莎士比亚出色表现的惊奇和赞赏。

莎士比亚说：“我确实是第一次登台演出，我感觉好极了。我在后台没事的时候会看大家的表演，不知不觉就记住了台词，至于什么时候记住的，我是真的不记得了。”

团长说：“那真是太奇妙了！”

莎士比亚继续说：“我不仅可以记得我串演的这个演员的台词，这几个月的排练中，我几乎记住了所有人的台词。”

不得不说，机会总是留给有准备的人的，没有什么是不劳而获的，也没有什么事情是可以一下子就成功的。莎士比亚抓住了机会，并且一举成名。

正是这次的演出经历，使莎士比亚踏入了戏剧表演的行列。渐渐地，他加入了戏剧团，做了一段时间演员后，也开始尝试做导演、编剧等工作。

1588 年前后，他开始着手创作，先是改编了很多前人的剧本，然后就开始独立创作。到 16 世纪 90 年代初，莎士比亚已经成为伦敦一家顶级剧团——詹姆斯·伯比奇经营的“内务大臣供奉剧团”的演员和剧作家，并最终成为剧团的股东。从 1594 年起，他所在的剧团受到王公大臣的庇护和喜爱，剧团从而被称为“宫内大臣剧团”。

1598 年，莎士比亚所属的剧团在泰晤士河的南岸修建了一座新的剧院，并将其命名为环球剧院。1599 年的夏季已经全部竣工，修建剧场的费用由剧团演员和股东们分担，由于莎士比亚出资较多，因而他成为环球剧院的主要股东之一。

在环球剧院中，主要上演莎士比亚精心编写的戏剧，偶尔莎士比亚还会亲自出演，这吸引了周边的甚至是其他小镇非常多的居民来观看。当时演戏都安排在下午，不用人工照明，在自然光下，演员的表演显得更加真实。

环球剧院像它的名字一样，影响力逐渐在英国扩散开来。在鼎盛时期，环球剧院甚至被誉为“泰晤士河岸的光荣”。这一时期，莎士比亚创作了大量的喜剧。无论是美丽的爱情还是痛心的离别，最后结局总是让人无比欣羡。

著名的“四大喜剧”之一《皆大欢喜》中流传已久的丘比特之箭，就出现在这个时期。他说：“自从傻子小小的聪明被压制得无声无息，聪明人小小的傻气显得更吸引眼球了。”故事的结局就像名字一样，四对恋人喜结良缘，以善胜恶，皆大欢喜。

“卑贱和劣行在爱情看来都不算数，都可以被转化成美满和庄严:爱情不用眼睛辨别，而是用心灵来判断。爱用的不是眼睛，而是心。”这段对爱情的描述，出自喜剧《仲夏夜之梦》，两对年轻男女的阴差阳错，最后又和好如初，让多少正值青春的年轻人，让多少叹息青春易逝的中年人，让多少内心依然渴望青春的老年人，重新燃起了对美好生活的向往。

莎士比亚的戏剧在剧院热火朝天地上演着，慕名而来观看戏剧的人也络绎不绝。所以，莎士比亚不仅走向了富裕，在社会上的名气也越来越大，获得了一定的地位。他的家庭申请到了世袭贵族的荣誉。而他从一介平民，通过自己的才华和努力，改变了自己家族的命运。

3. 精神与财富的豪门

16 世纪末 17 世纪初，英国社会矛盾加剧，政治经济形势日益恶化。詹姆士一世即位后的挥霍无度和倒行逆施，使人民的生活更加痛苦，反抗迭起，一场开创世界历史新时代的革命正在酝酿之中。

在此情况下，莎士比亚深感人文主义理想与现实的矛盾越来越尖锐，创作风格也从明快、乐观变为阴郁、悲愤，他所写的悲剧也不是重在歌颂人文主义理想，而是重在揭露批判社会的种种罪恶和黑暗。英国

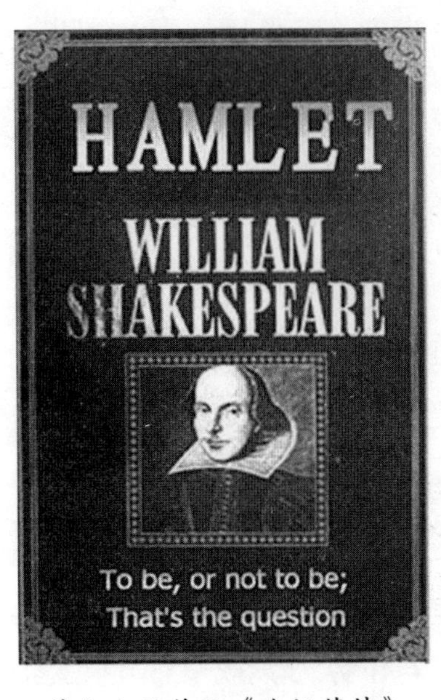

莎士比亚作品《哈姆莱特》

国王詹姆士一世的所作所为加重了人民的负担，但是他根本不考虑如何去改善社会现状，而对莎士比亚的戏剧表示出了浓厚的兴趣。莎士比亚和剧团中的演员被任命为御前侍从，常常在宫廷中演出。莎士比亚把深深的悲哀埋在心底，现实与理想的差距时时折磨着他的内心。这种情感终于在积累到一定程度的时候爆发了。他借哈姆莱特的声音奋力喊出："生存，还是毁灭？"这个让所有人都困惑的人生问题。莎士比亚用他的笔揭示出哈姆莱特错误的人生观和自身的缺陷。在剧中，他鲜明地表达了正确对待命运的恰当态度，即人的不幸，不应归咎于任何外在的偶然性，而应归因于个人的天性和选择。所以，每当我们遇到困难的时候，不应该听天由命，很多时候都是事在人为。在莎士比亚的笔下，他愤恨着詹姆士一世社会时期的黑暗。他深知昏君的统治，不仅大大增加了社会的危难，更在所有人的心里留下了伤痕，这种伤痕不是个人身世飘零的悲哀，也不是励精图治后国家发展速度的缓慢，而是一种本可以享盛世、开太平的局面被人为地糟蹋得残缺不全的无奈。

是的，一个享誉全球的人物，一定不是在温室里保护着成长起来的，只有历经磨难——或身体、或心灵，才能激发全部的潜能。莎士比亚也不例外，他流芳百世的“四大悲剧”就是在历经磨难的那段时间中创作的。纵观莎士比亚这个时期的戏剧，不难发现，不仅大多数是悲剧，而且这些著名的悲剧都产生于宫廷。宫廷生活的奢靡与混乱，让在宫廷中安稳成长起来的孩子似乎总有缺陷。宫廷这个掌握着国家发展大方向的地方，总会让王子、公主、大臣变得焦躁不安，变得脆弱或优柔寡断。莎士比亚看透了这一现状，便通过虚构的戏剧来反映现实，投射出真实的生活。

然而，尽管莎士比亚戏剧的名声如此响亮，但是当时的剧坛仍然被有牛津、剑桥背景的“大学才子”们所把持。“大学才子派”是指16世纪80年代英国出现的一批人文主义剧作家。这些剧作家大多数确实是大学毕业生，他们大都在牛津大学或者剑桥大学受过良好的高等教育，至少是在伦敦最优秀的学校接受过人文主义教育。这些作家致力于英国戏剧改革，把戏剧艺术提升到了一个新的高度。但令当时的英国人奇怪的是：他们接受了如此好的教育，为什么最后却从事了在当时被视为“不十分光彩”的戏剧行业？然而毋庸置疑的是，戏剧的流行确实受到一大批喜爱戏剧的优秀人才的青睐。“大学才子派”的剧作家就是这样一批人。他们将各种影响融为一体，这包括了古罗马戏剧以及模仿古罗马戏剧的学院剧、中世纪的道德剧、当代的意大利与法国戏剧等，从而创作出结构严谨、情节生动、诗意盎然的戏剧。而莎士比亚正与他们相反，虽然他接受过良好的基础教育，却从未上过大学，但当时他写的剧本却比“大学才子派”们的水平高出了许多，有的文章甚至可以与经典的剧作家相媲美，因此有很多人把他视为戏剧天才。

受到的关注越多，就可能受到越多的诋毁。即使再有才华，也是众口难调。有一次，一个成名的剧作家以轻蔑的语气写文章嘲笑莎士比亚。说莎士比亚是一个“粗俗的平民”、一只“暴发户式的乌鸦”，这样的人，竟敢同“高尚的天才”一比高低。他因莎士比亚的低学历而看不起莎士比亚写的戏剧。但莎士比亚没有过多地在意自己是否上过大学，也更不会因为自己没有上过大学而感到自卑和失落。他相信学历代表不了水平，水平的高低在于阅历，在于思维。莎士比亚通过自己的不断创作，赢得了包括大学生团体在内的广大观众的拥护和爱戴。学生们在学校业余演出时，也总会表演莎士比亚的一些剧本，如《哈姆莱特》《错误的喜剧》等。这些剧本一经演出便得到了所有人的认可。他们的戏剧表演，不仅提高了戏剧团在全国的地位，也给了曾经非议过莎士比亚的人一记响亮的耳光。

1608 年到 1612 年，詹姆士一世王朝更加腐败，社会矛盾更加尖锐。深夜,莎士比亚站在自家院子里冥想。寂静的夜空，没有月光，只有点点星光，整个天空似乎都显得有些落寞。大地上的深夜，看不到水天相接的尽头；没有白天的喧嚣和汽笛声，没有纷杂的街市和小孩子的哄闹。此刻，天地间安静得似乎只有莎士比亚一人。他对着远方深深地叹息，深感人文主义理想的破灭，于是坚定了那个在脑海里出现过无数次的想法：退居故乡。

1612 年，莎士比亚作为一个富甲一方的名人衣锦还乡。他回到出生的地方，仍然继续进行戏剧创作。他着重于浪漫主义传奇剧的写作，其创作风格也随之表现为浪漫空幻。游子归乡时对家乡的深切怀念，回到家乡后熟悉的归属感，以及对亲人的无限期盼，带给莎士比亚更多的灵感与更大的力量。回乡后的那几年，他给自己的家族带来了无上的荣耀。不变的是，小镇居民依然喜欢观看戏剧表演，而且更加喜欢了。小镇居民得知他要回到家乡时，用当地最热情的方式欢迎莎士比亚回家。

回到家乡的莎士比亚，深感时间的宝贵，所以，更多的时候，他都待在屋子里进行创作。莎士比亚在伦敦住了 20 多年，而在此期间他的妻子仍一直待在斯特拉特福。这次的团聚，使莎士比亚回归到家庭生活。阔别了妻子 20 多年，如今终于不再分离。妻子安妮·海瑟薇每每到吃饭的时候，也不会打扰丈夫的创作，而是把饭菜放在丈夫屋子里的另一桌子上。很多时候，她去收回放在桌子上的饭菜时，莎士比亚依旧没有吃饭，妻子重新把饭菜热了，再放回去。有一次，莎士比亚一天都没有吃饭，直到第二天清晨，看到阳光重新洒在桌面上，他的晚饭还在那里。完成写作的莎士比亚伸了一个长长的懒腰，感觉到戏剧写作时，那一气呵成的痛快和陷入角色的无法自拔，那愤世嫉俗的张扬和无法改变世界的悲哀，这是他最喜欢的。他站在屋子中间，表情严肃，手持书稿，掷地有声地说："啊，那呼号的声音一直打进了我的心坎。可怜的人们，他们死了。要是我是一个有权力的神，我一定叫海沉进地中，不让它把这只好船和它所载的人们一起这样吞没了！"莎士比亚在他最后一部完整的杰作《暴风雨》中这样写道。他内心的丰富和波澜起伏，使人深深折服。莎士比亚不仅把生活写进了艺术，更让他的艺术高于生活。

1616 年 4 月，据当地一位牧师的日记，莎士比亚与两位友人聚会，一时兴起，酒喝多了，连日高烧，不幸于当月 23 日去世。这一天，恰好也是莎士比亚的生日。

4. 笔杆里的百味人生

有的人只凭自己的喜好来评价莎士比亚，实际上，莎士比亚戏剧创作中的价值远不止描述了旧时宫廷生活、市井街道、凄美爱情等现实题材，更是在艺术创作中对英文词汇的扩充与应用留下了宝贵的财富。

有一句话说，唯有接近生活，才是最好的艺术。莎士比亚深谙其道，他从不避讳使用那些隐晦的词语。在他的著作里，曾用 200 多个词来形容男女之事，很多人说，他像是在高雅地讲一些荤段子。莎士比亚用词的丰富也体现在他广泛采用民间语言，如民谣、俚语、古谚语和滑稽幽默的散文等，都是莎士比亚戏剧表达的形式。莎士比亚在写作中不仅使用了英文词汇，还通过自己的方式吸收拉丁语、法语等外来词汇创造英文单词。莎士比亚使用过的单词和句子都被后来的作者有意无意地引用，许多单词和句子在反复引用中固定了下来。有些作者在使用中再进行引申，使词意和句意得到了扩展，促进了英语的发展。有人统计，1611 年出版的《圣经》，词汇量大致是 6000 个，莎士比亚时代，英语总词量在 10000 个上下，莎剧作品的词汇量竟达26000~29000个。这些色彩鲜明、精辟简洁、生动活泼的词汇、短语或习语，极大地丰富了英语的表现力，也使莎士比亚的作品更富有生机、魅力和诗意。在戏剧写作及创作中，莎士比亚还大量运用比喻、隐喻、双关语的写作手法，可谓集当时英语之大成。不仅如此，莎士比亚戏剧中许多语句已成为现代英语中的成语、典故和格言，被人们广泛运用。

莎士比亚作品高超的艺术特色使读者不自觉地便被戏剧中的多重线索吸引，在悲喜剧交错中体会人生百味；他极富个性的人物语言使读者对人物形象印象深刻，在生活与艺术的转换中感受人情冷暖；他对词语的使用和创造使读者读起来朗朗上口，在文字的多样性中回味人间万象。直到今天，人们仍可以凭借莎剧熟悉的故事和词句，找到人类社会的世相百态。复杂情感，爱情，善良，勇敢，想象，暴虐，嫉妒，狡诈，鬼神，妖魔，都在各种喜剧、悲剧、正剧、闹剧、滑稽剧中的人物身上，得到栩栩如生的表现。

莎士比亚生前赢得了人们的欢迎，去世后更是流芳百世。

恩格斯在青年时代写的《风景》一文中指出，不管莎士比亚剧本中的情节发生在什么地方——在意大利、法兰西还是那伐尔，其实展现在我们面前的永远是他所描写的怪僻的平民、自作聪明的教书先生、可爱而古怪的妇女们的故乡抑或是快乐的英国。

俄国文学评论家别林斯基对莎士比亚的评价更体现了他的偏爱之情，他在《文学的幻想》中写道："莎士比亚——这位神圣而崇高的莎士比亚——对地狱、人间和天堂全都了解。他是自然的主宰……通过他的灵感的天眼，看到了宇宙脉搏的跃动。他的每一个剧本都是一个世界的缩影，包含着整个现在、过去及未来。"

德国卓越的哲学家黑格尔赞扬莎士比亚戏剧体现了"生活本身的真率与心灵理想的伟大的不寻常的结合"，并认为莎士比亚是"光照其他一切人的大师"。

德国伟大诗人歌德把莎士比亚誉为"最美丽山峰上的明星"。并说："我初次读到他的著作的第一页后，就使我一生都属于他了；当我读完他的第一个剧本时，我好像是个生来盲目的人，由于神手一指而突然获见天光。"

在中国，莎士比亚是东西方文化交流的标志，其影响长盛不衰。英国作家查尔斯·兰姆和玛丽·兰姆的《莎士比亚戏剧故事集》（1807 年出版）是最早的中文译本的来源。1922 年中国剧作家田汉发表的译作《哈姆莱特》，标志着中国第一次有了以完整戏剧形式表现并用白话文翻译的莎士比亚作品。1935 年，朱生豪开始翻译《莎士比亚戏剧全集》，先后译有莎剧 31 种，

1947年秋，译稿由上海世界书局出版，计27部剧本。1978年，人民文学出版社出版《莎士比亚全集》，内收朱译31部剧本。2014年9月，英国皇家莎士比亚剧团宣布了一个计划，把莎士比亚的全部作品翻译成现代标准汉语出版发行，包括37部莎翁剧作和154首十四行诗。英国政府将出资240万美元给予支持。2015年至2016年，由英国皇家莎士比亚剧团和中国外语教学与研究出版社合作推出的“莎士比亚全集·英汉双语本”系列书出版，这套丛书共39册，其英文原本为2007年英国皇家莎士比亚剧团推出的《莎士比亚全集》，这一全集是对1623年出版的《莎士比亚全集》第一对开本300多年来的首次全面修订，是数以千计的版本中最为接近莎士比亚戏剧舞台的版本。

为了纪念这位伟大文豪的出生与逝世，1995年11月，联合国教科文组织第28次大会通过决议，宣布每年的4月23日为世界图书和版权日，也叫世界读书日。这一天当然还有其他一些文化名人出生或去世，但既是生日，又是忌日的，只有莎士比亚一人，其他人的名气，也不能和莎士比亚相比。

毫无疑义，莎士比亚是英国文学史上最杰出的戏剧家，也是欧洲文艺复兴时期最重要、最伟大的作家，更是全世界最卓越的文学家之一。莎翁的一生，是历经无数小人物职业的一生，也是混迹于贵族生活的高贵的一生；是把爱好变成事业的一生，也是用事业把爱好发扬光大的一生；是热爱普通家庭生活并努力经营的一生,也是走向社会流传千古的一生。一提起戏剧，每个人心中都有一个名字，那就是莎士比亚。

经济学之父——亚当·斯密

经济学是人类社会独有的智慧，促使着人类文明不断走向进步。提起经济学，不得不提到一个人，那便是经济学之父——亚当·斯密。

亚当·斯密（Adam Smith，1723—1790），现代经济学的主要创立者。出生于英国苏格兰法夫郡（County Fife）的寇克卡迪（Kirkcaldy）一个法务工作者家庭。1730年始，先是在家乡苏格兰度过小学和中学生活，后入格拉斯哥大学（University of Glasgow）学习。从中学开始，他就陆续学习完成拉丁语、希腊语、数学和伦理学等课程。1740—1746年间，赴牛津学院（The Oxford Academy）求学。1750 年后，亚当·斯密在格拉斯哥大学不仅担任过逻辑学和道德哲学教授，还负责学校行政事务，一直到 1764 年离开为止。期间，亚当·斯密于 1759 年出版的《道德情操论》获得学术界极高评价。而后于 1768 年开始着手著述《国民财富的性质和原因的研究》(简称《国富论》)。他思想独到，眼界宽广，对人类社会进行了深刻的观察和思考；他撰写的《道德情操论》《国富论》等传世之作，提出了分工、货币、价值、资本积累、分配、赋税等理论，为后世研究经济学，研究人类社会的问题提供了重要的理论参考，有助于我们认识人类经济学和社会学历史发展的脉络，预测人类经济社会的发展方向，对我们理解和研究经济学以及人类社会学有重大的意义。由此他被称为“现代经济学之父”。

亚当·斯密画像

1. 素未谋面的父亲

亚当·斯密的父亲是一名律师，同时也是苏格兰的军法官和寇克卡迪的海关监督。偶然的机缘，他认识了出身于大地主之家的女孩儿玛格丽特（Margaret），他们在爱神的牵引下相爱相守了。1723 年 6 月 5 日，在苏格兰法夫郡的寇克卡迪，他们的孩子降临在这个世界。正当全家人沉浸在幸福当中时，灾难和死神却悄悄来临：亚当·斯密的父亲因病突然去世了。

得到如此噩耗的玛格丽特当场晕了过去，在床上的孩子突然之间也号啕大哭起来。面对突如其来的打击，生活还要继续，玛格丽特擦干了眼泪，抱紧了怀中的孩子："宝贝，以后只有妈妈和你一起相依为命了。妈妈爱你，以后你也要成为像爸爸一样的男子汉。"自此以后，玛格丽特把自己所有的爱都倾注在了亚当·斯密身上。尽管从小没有父亲的陪伴，亚当·斯密依旧健康快乐地长大，他在母亲的教导下成为一个出色的孩子。

儿时的亚当·斯密看起来总是瘦瘦小小的，惹人怜爱。小孩子也有属于自己的世界。他常自言自语，而且这样的习惯一直持续到成年后。有时他也会处在魂不守舍的状态，沉迷于属于自己的另一个世界，无法自拔。在他身边的人看来，亚当·斯密是一个爱出神的孩子。殊不知，那正是亚当·斯密思考问题时投入和专注。他热爱思考，专注能力极佳，甚至到了忘我的境地，从小养成的良好习惯为他未来做经济学研究工作提供了极其有利的先天条件。

当阳光穿过厚厚的窗户照到屋内，洒在书本上，洒在那个一动不动认真看书的男孩子身上，真是一幅美丽的画面。亚当·斯密最喜欢的事情就是坐在家里读书学习，遨游于知识的海洋之中。1730年，7岁的亚当·斯密开始在家乡苏格兰的寇克卡迪学校上学，正式开始他与书籍相伴的学习生涯，也走上了他钻研学术的道路。

寇克卡迪学校是一所私立学校，在当时相当有名望的戴维·米勒校长的精心建设下，这里成为许多人才成长的摇篮。亚当·斯密是其中重要的代表之一。亚当·斯密从进入小学开始，就对读书表现出狂热的喜爱之情，经常在同龄的孩子们玩耍的时候，独自一人捧着一本书在角落里默默阅读。在书本里有一个更广阔的世界，那个世界使他深深为之着迷。他试图通过白纸上清晰的文字，来了解自己所处的世界且以此窥探这个时代的样貌。久而久之，世界就在他年幼的脑海中有了一个大概的轮廓。这为他以后能够成为一位伟大的经济学家和社会学家奠定了基础。除了对阅读的热爱，亚当·斯密还拥有超人的记忆力和成熟的宏观思考能力，这些都让他显得与同龄人明显不同。那时谁又会知道，这个看似沉默寡言的孩子，会为将来的人类社会发展做出如此巨大的贡献呢？ 亚当·斯密的小学时期就在阅读书中世界和感受身边世界的交替中度过。

亚当·斯密在寇克卡迪度过了中小学生活。在中学的3年里，亚当·斯密开始学习拉丁语、希腊语、数学和伦理学等课程。他当时最喜欢的是数学和自然哲学，这些相关知识的涉猎，为他以后的经济学研究奠定了基础。这个时期的他正是少年成长阶段，如清晨的朝阳般，展现出对于理性和自由的无限向往和追求。

手工业和贸易相当发达的寇克卡迪，使亚当·斯密对苏格兰社会有了一个朦胧的认识。当时的苏格兰社会，经济正处于转型发展时期，大量的工厂手工业开始兴办起来，原来的独立手工业——小规模作坊，已经逐渐形成将要被吞没的趋势，大工厂手工业展现出它不可阻挡的活力，成为经济的快速转型发展的发动机。新大陆的发现，科学技术的发展，交通工具的不断变革，资本市场的不断拓展，外贸的蓬勃兴盛，资本主义经济的初期发展伴随着这样的时代应运而生，而亚当·斯密就生活在这种处于革新时期的社会环境中。年少的他，就开始对这些变化和现象有了关注，不同于一般孩童更关心各色糖果的味道，亚当·斯密已经开始拥有一种对人类社会现象、对经济发展现象的敏锐洞察力和关注的热情以及强烈的好奇心，并且尝试着自己去思考。

然而在成长的道路上，亚当·斯密并非最初就明确自己的学习方向是经济学。但是他博览群书，思考社会，专注学习并且拥有持续高涨的学习热情，使他无论做任何事情都会取得巨大的成功。1737年，14岁的亚当·斯密进入格拉斯哥大学。在这一时期，亚当·斯密认识了弗朗西斯·哈奇森老师，他被老师渊博的学识和高尚的品行深深折服，亚当·斯密紧紧跟随老师的步伐，学到了很多很多。

无论在何种领域取得伟大成就的科学家，他们都有着共同的性格特点，那就是专注和热情。亚当·斯密专注研究思考的时候，也曾经误将黄油面包放入茶壶中煮沸，然后还浑然不知地抱怨，这茶的味道真是太糟糕了！他也曾在担任海关专员时，因为思考入神，将自己的名字错签成别人的。

除了思考时的专注外，亚当·斯密还是个直率又无所顾忌的人。他曾在某次晚宴上，当大家在谈论德契斯特勋爵时，公然向大家坦言自己并没有听说过他，而且当时，德契斯特勋爵的两个儿子也在场。他也曾在公开场合谴责在当时小有威望的一位政治家，并且那位政治家的亲戚也在场，但是这并没有让他有所顾忌，他直率的性格还真是令人敬佩。但是他也是个很真实的人，并未像众人想象的那样，是神一样的存在，他也会在陌生的环境发表演说或文章时害羞，甚至紧张到说话时结结巴巴，但熟悉环境之后便会滔滔不绝，为大家带来酣畅淋漓的讲演，用思想和观点征服听众，使人眼前一亮。

2. 格格不入的牛津学生

热爱学习和钻研的亚当·斯密在学习方面取得了不错的成绩。1740 年，他作为斯内尔奖学金的获得者被推荐到牛津大学深造。那时的牛津大学离他的家尚有一定的路程，在那个交通并不发达的年代，他是骑马去牛津大学求学的，在这里度过了 6 年的时光。但他最终却没有以一个牛津大学毕业生的身份走出校园，在牛津大学毕业册的名单上没有他的名字。但他确实在牛津大学度过了 6 年的时光，这是毋庸置疑的。在福斯特先生所著的《牛津毕业生》一书中记载了亚当·斯密在牛津大学生活的琐事，印证了这一点。

关于亚当·斯密离开牛津大学的原因，主要是他与学校所推崇的观念不同而导致的矛盾，并且牛津大学本身的发展也不完善，这常常令亚当·斯密感到压抑。当时的牛津大学还不像现在这样著名，无论是学风、思想开放与包容程度等都不能与当今相比。甚至许多教授进行授课也是随性而来，并没有相应的规定，这使得亚当·斯密在牛津大学的这段岁月中几乎无师可承，对于热爱研究的亚当·斯密来说这无疑是一大遗憾。因为没有遇到合适的导师，亚当·斯密没有去学习自己原本该修的专业，而是去大量阅读自己感兴趣的书籍，把大量的时间用在了自主阅读上。所幸的是，牛津大学图书馆拥有庞大的资源库，于是图书馆便成了他最亲切的老师。然而不幸的是，牛津大学的学风在当时趋于保守，对学生的管理严格，这常常使亚当·斯密十分苦恼，甚至濒临崩溃。这使得亚当·斯密不能完全随心所欲地阅读自己喜爱的书籍。对于不同的思想观点，学校的态度是拒绝的，同时也拒绝学生深入了解。甚至有一次他差点被学校开除，原因是在他的房间里发现了一本大卫·休谟的《人性论》。教授们没收了他的书，并对他进行严厉处罚。学校给出的理由是，即使休谟是一位哲学家，但读他的书也是不相宜的。后来亚当·斯密在其编著的《国富论》中写道："这所大学的大部分教授，为了传授他们认为的道义，甚至完全放弃了教学的原则。"

保守的学风和观点的冲突以及学习风气的淡薄，使亚当·斯密对牛津大学缺乏依恋之情，他认为自己在这里没有太大的收获，这对一心求学且崇尚理想自由的他来说，无疑是一种无形的枷锁。最终，他未正式毕业便离开了学校。亚当·斯密对思想和言论自由的追求表现出那个时代下进步青年的特质，有思想有主见又不落俗套，他敬佩和接受的是对新思想的包容，而不是世俗所赋予的威望。

大卫·休谟是亚当·斯密为数不多的密友之一，他们结识于1751年。亚当·斯密离开牛津大学后，又回到母校格拉斯哥大学学习，这时他被介绍给当时已赫赫有名的大卫·休谟。因为亚当·斯密认同大卫·休谟的哲学思想，于是两人成了密友。大卫·休谟是英国资产阶级哲学家、历史学家和经济学家。他既是斯密的师长，又是他的挚友，他们之间“古罗马式的伟大友谊”为世人所赞叹。斯密访问爱丁堡时，经常把休谟的住处作为他投宿的地方。在交往的20多年里，他们一直以交谈或通信的方式，就经济、哲学、历史、文学等方面的问题交换意见，并且共同参加各种类型的学术、政治性组织的活动。休谟把斯密当成他在写作上的顾问，斯密也常征求休谟的意见。两人经常一起交流思想，大到社会世界，小到生活态度。大卫·休谟的哲学观念对亚当·斯密产生了很大的影响，甚至后期当亚当·斯密身体状况愈发不佳的时候，他将大卫·休谟指定为他的遗稿管理人。而大卫·休谟却先于他去世，并且将亚当·斯密指定为他的遗稿管理人。可见两人之间的深厚的信任和可贵的友情，可谓是真正的“君子之交”。

作为有神论者的亚当·斯密和无神论的大卫·休

谟之间令人羡慕的友谊常常使很多人感到好奇，也许是即使信仰不同也无法阻挡的对探索世界和人类社会的无限热爱，才使他们成为密友。亚当·斯密的一个学生曾说，他相信休谟的每一句话，即便休谟对他说，月亮是一块绿色的干酪，他也会相信。

离开牛津大学后，1750 年，亚当·斯密在母校格拉斯哥大学任教，在那里他不仅担任过逻辑学和道德哲学教授，还负责学校行政事务，一直到 1764 年离开为止。在此期间，亚当·斯密于 1759 年出版了《道德情操论》，获得了学术界极高的评价。《道德情操论》所阐述的主要是伦理道德问题，属于伦理学。它寄重托于同情心和正义感，主要阐述人都有利己主义的本性，但同时人也拥有自我克制的能力，控制自私的情感和行为，能建立一定的社会规则机制并按照这样的规则行事。如追逐利益的资本家在资本产生中克制自身行为，不是无度攫取利益，而是按照一定的规则获取利益。《道德情操论》的出版，为之后出版对世界产生深远影响的《国富论》奠定了基础。可以将《国富论》看成是《道德情操论》的继续，只是视角由伦理转到了经济。

3. 举世震惊的《国富论》

《道德情操论》出版后，引起学术界的广泛关注。

为亚当·斯密赢得了巨大的声誉，使他跻身于英国一流学者之列。1764年，亚当·斯密受布克莱（Buccleuch）公爵之邀，离开格拉斯哥大学到欧洲大陆游学。游学的经历以及在其过程中同许多著名学者的交往，促使亚当·斯密经济理论走向成熟。3年后，亚当·斯密回到伦敦，被选为英国皇家学会会员。但是为了完成自己的研究工作，亚当·斯密还是回到故乡寇克卡迪，开始潜心撰写经济学著作。1776年，他发表了经济学巨著《国民财富的性质和原因的研究》，也就是后来闻名世界的《国富论》。这部著作的写作花费了亚当·斯密6年的时间，修改历时3年。它的发表，标志着古典自由主义经济学的正式诞生。

《国富论》一书是斯密最具影响力的著作，这本书对于经济学的创立有极大的贡献，使经济学成为一门独立的学科。在西方世界，这本书甚至可以说是经济学最具影响力的著作，被称为“经济学圣经”，亚当·斯密因此被世人尊称为“现代经济学之父”和“自由企业的守护神”。

虽然亚当·斯密并非第一个研究经济学的学者，但是他通过研究，将最系统最全面的经济学知识体系呈现给世人，顺应了当时的时代发展需求。《国富论》阐述了很多先进而系统的经济学理论。后人从《国富论》中，了解了资本主义经济，继续探索经济的发展，根据不断发展变化的经济形态进行理论的革新。亚当·斯密的《国富论》阐明了资本主义经济发展的规律性，即使到了现代，依旧有重要的参考价值，甚至现代经济的发展形态和规律都可以从《国富论》这本著作中发现端倪，因此这是一部伟大的著作。

《国富论》

《国富论》一书中，亚当·斯密最经典的理论便是“看不见的手”，即关于自由市场的理论。即市场的发展看似混乱不堪，毫无规则，但其实是有一只“看不见的手”在进行着调节。比如，当市场上对某种产品有大量的需求，便会因其丰厚的高回报高利润率而打动资本家投入生产，最终消除了短缺的情况，而产品的价格也会渐趋稳定。当资本家们生产过剩，超过了市场的需求，需求随之下降，产品便会滞销，这会刺激生产者减少或停止生产。“看不见的手”的经济理论与后来的供需关系、价值规律等经济学知识息息相关。亚当·斯密认为，大量产品进入市场，会引起生产者之间的竞争，而产品的价格也将降低至接近成本。即使产品的利润接近于零，生产产品和服务的利润刺激也不会消失，因为产品的所有成本也包括了生产者的薪水在内。如果价格降低至零利润后仍继续下跌，生产者将会脱离市场；如果价格高于零利润，生产者将会进入市场。亚当·斯密认为引起这一系列市场变化的原因与人性中的贪婪有关，因此可以利用这种人性，达到造福人类社会的目的，如利用利润的刺激作用既能鼓励人们进行生产又能稳定市场价格。这也表明《国富论》与《道德情操论》之间的微妙联系：《国富论》侧重经济学知识，而《道德情操论》从道德伦理层面出发，将经济学与生命中的情感和想象力相联系。亚当·斯密将实现经济自由作为解放人类的一个手段，事实证明在当时的社会条件下，资本主义自由经济确实将人们从封建的禁锢统治下解放出来。随着经济的自由，思想也随之自由，促进了启蒙运动的发生，自由经济和启蒙思想不断发展，二者相互交替，相互刺激，将人类从数千年的腐朽封建统治中解放出来，世界的面貌由此改变，新的社会发展的里程碑由此被高高树立起来。

亚当·斯密因其在经济学领域的出色表现而被世人尊称为“现代经济学之父”，但是世人却忽视了他身上关注人类物质精神文明的社会学家的一面。如亚当·斯密在提倡自由经济的同时，也对商人保持警惕并反对垄断。在他看来，提倡自由经济的最终目的是使人类社会而非少部分资本家受益。

《国富论》中还否定了重农主义学派对土地的过于重视。亚当·斯密重点强调劳动的重要作用，而劳动效率的提高则离不开劳动分工。这就从根本上否定了小农经济的小作坊模式，提倡形成一定规模的生产，分工促使专业化和批量经营。当然他也指出，工厂手工业代替独立家庭手工业是人类社会发展的一种必然结果。

《国富论》一书面世，许多相应的经济学理论也陆续产生。这些理论具有很高的研究价值，是现代经济学的基石。除了上面提到的“分工理论”“分配理论”等，还有“货币论”“资本积累论”“价值论”“赋税理论”等。《国富论》涵盖广泛，创建了经济学理论的基础体系，极具研究价值，是亚当·斯密留给世界最好的礼物。此书一经出版，便引起了世界的广泛关注，可谓是一部举世震惊的著作。亚当·斯密倾注毕生心血，以《国富论》这一著作敲开了新世界的大门。而现在的我们因站在巨人的肩膀上，才看到了更宽广更清晰的世界。

4. 俯首甘为孺子牛

亚当·斯密一生专注学术，将青春时光投入对世界经济社会的研究，投入对人类社会的奉献，终身未娶，无儿无女。他是家中的独子，童年时没有父亲的陪伴，没有兄弟姐妹，成年后没有组建家庭，在亚当·斯密的一生中，始终陪伴在他身边的只有一个人，就是他的母亲玛格丽特。在他 60 多年的人生岁月里，母亲始终是他坚强的后盾和情感的寄托，是他最信任的人、他的朋友、他的情感和心灵导师，是世界上最了解他的人，也是他迷茫困惑时的灵魂舵手。母亲见证着他的一生，这使得亚当·斯密与母亲的关系一直极为亲密，母亲对他的意义是重大的。虽然父亲缺席了他的成长，但母亲对他的呵护与关心，对他的成长与教导，陪伴了他的一生。她的支持和鼓励是亚当·斯密家庭勇敢追求自我的不竭动力。母亲也是亚当·斯密家庭生活的中心，尽管有时忙于学术，但他也会经常回家陪在母亲身边。

虽然亚当·斯密生性腼腆，大多时候孤身一人，但他却心系天下，除了世界经济的发展外，还对人类情感问题给予深切的关注。他过着在常人看来难以忍受的孤独生活，可他却乐在其中，真可谓是“子非鱼，焉知鱼之乐”。他在倡导自由经济的同时，也反对资本家的垄断，反对形成压迫和控制。他所做的一切研究的根本目的在于通过约束人性中的部分私欲，来维护社会的整体利益，使全人类过上和谐稳定有规则的生活。他曾说，如果自由经营与公众道德发生冲突，则自由经营必须让位。1756年，在格拉斯哥商人的努力下，政府取消了对亚麻布征收进口税，停止对亚麻布提供出口补贴，废除1748年的法律。这个法律规定给予格拉斯哥亚麻布工厂适当的奖励，禁止亚麻布进口，如果妻子身穿进口亚麻布做的衣服，将对丈夫处以罚金。对这件事，斯密持反对意见。众所周知，斯密是一个自由贸易主义者，他要求彻底废除关税。但是，在这里，他却反对废除对亚麻布征收进口税，这是为什么呢？正如约翰·雷所说，他并不是为了维护亚麻种植者的利益，而是为了保护那些散居在全国各地简陋的小屋里，以纺织维持生计的贫穷妇女，正是所谓“为天地立心，为生民立命”。

亚当·斯密的个人生活极为简单，除了母亲的一生陪伴，就只有一两个挚友和他唯一的“情人”——书籍。他曾说“书籍就是我的情人”，还说过“我别无所好，所好的只是书”。有时他会向好友“卖弄”他的藏书，那专注的样子引人发笑。然而如果没有书籍这个“情人”的陪伴，他不可能成为如今呈现在世人眼前的天才。虽然，亚当·斯密在60岁之后的健康每况愈下，但他依然坚持读书，并且坚持写作，将自己的毕生所学尽可能多地整理记录，继而写出了令世界为之惊叹的著作。

1778 年，亚当·斯密与母亲和阿姨在爱丁堡定居。1784 年，他出席了格拉斯哥大学校长的任命仪式。正准备上任的亚当·斯密收到了母亲去世的噩耗，悲痛欲绝的他放弃了格拉斯哥大学校长的职位，立刻回到家里处理母亲的后事。1784 年 5 月亚当·斯密的母亲去世，享年 90 岁。母亲去世对亚当·斯密是一个沉重的打击。他生命中最重要的人离他而去，这样的痛是亚当·斯密难以承受的。4 年之后，他被选为格拉斯哥大学的荣誉校长，还被任命为苏格兰的海关和盐税专员，但是亚当·斯密生活得并不快乐。母亲的去世平

亚当·斯密雕像

添了步入人生黄昏时期的亚当·斯密几分孤独，同时他的身体状况也在渐渐变差。处于花甲之年，他一直沉浸于丧失至亲的悲痛和孤独之中。

虽然生活在难以排遣的悲伤之中，但亚当·斯密仍然从事他的研究。直到离世前的几个月，他躺在医院的病床上仍旧坚持写作，修订《道德情操论》的第六版。在为《道德情操论》第六版写的新增前言《告读者》中，他说："在本书第一版的最后一段中，我曾说过，我将在另一本论著中努力说明法律和政治的一般原理……不仅涉及正义，而且涉及警察、国家税务、军备以及其他一切成为法律对象的东西。在《国民财富的性质和原因的研究》中，我已部分地履行了这一诺言，至少在警察、国家税务和军备问题上。我长期以来所计划的关于法学理论的部分……虽然我年事已高，很难指望如愿以偿地完成这个大事业，但我并没有完全抛弃这个计划，我打算完成自己所能做到的事情。从这种责任感出发，我希望能继续完成它。因而我把30多年前写的这段话未加改动地放在这里。"这位锲而不舍、坚韧不拔的学者以一种强大的热情和动力，凝结为他的信仰，以常人惊叹的毅力去坚守他一生的研究事业。在他心中，自己的生死病痛仿佛是旁人的事，而将这些著作中的理论、思想成果留给世人才是他这一生的使命。他要坚守到最后一刻，这也成为他最后弥留之际唯一的精神寄托。

亚当·斯密生前最后一年计划撰写两篇主要论文，一篇是有关法律的理论和历史，一篇则是艺术与科学的有关研究。在死后才出版的《哲学论文集》所收录的可能是后一篇论文的部分。亚当·斯密还著有《亚当·斯密关于法律、警察、岁入及军备的演讲》(简称《法学讲稿》)，这是亚当·斯密在法学方面所做的演讲，所幸的是他的两个学生把他的演讲全都记录了下来。《法学讲稿》虽然不是亚当·斯密生前出版的著作，但两个学生的笔记非常详细，非常完整地体现了亚当·斯密的法学思想，这对于研究斯密的思想极为重要，为后世的学者留下了宝贵精神财富。

1790年7月17日，亚当·斯密与世长辞。朴素的墓碑上面只有一句话："《国富论》的作者亚当·斯密安眠于此。"

5. 笔耕不辍，造福后人

亚当·斯密在生活中，达到了伟人的至高境界。无论是媒体还是朋友，他们对斯密的人品都给予了高度评价。爱丁堡《广告报》刊文评价，在私生活方面，亚当·斯密博士以慈善、博爱、富于人情和宽容著称。亚当·斯密的朋友卡莱尔博士曾说："不论什么样的青年，三年来天天与亚当·斯密亲密交往的话，无疑地，不可能不会被斯密对正义和人类的热爱感动。这种对正义和人类的情感正是使亚当·斯密深深打动人的原因。他在私生活中的谈话也像温泉温暖了人心。这在今天也可以从他的著作中看出来。亚当·斯密总是疾恶如仇，不能容忍对于坏人坏事无动于衷或为其遮掩开脱。亚当·斯密生性过于正直和仁慈，不会怀疑别人有恶意，并加以防范。”他的学生巴克勒公爵回忆道："我们……相处近三年，从未产生丝毫不和或隔阂。……在同这样的人物的交往中，我获得了所能期望的一切教益。在他去世以前，我们保持着始终不渝的友谊。我将永远记住，自己失去了这个不仅具有卓越才能，而且具有一切个人美德因而令人敬爱的朋友。"杜格尔德·斯图尔特则对亚当·斯密进行这样的描述："他的外表和相貌并无非凡之处，当他完全处于轻松状态的时候，当他谈得起劲的时候，他生气勃勃地打手势，但不是没有风度的。在为他所热爱的朋友中间，他的脸往往因难以形容的慈善的笑容而泛着光辉。亚当·斯密先生的一些私下的捐助活动很叫人感动，但不可能隐匿得那么好，一点儿不叫人知道。他的一个近亲和最知心的朋友罗斯小姐就向我提起过一些有关的事例。他的这些捐助都大大超过了他的财产所允许的范围，表现出他的怜悯之心和慷慨大方。"

亚当·斯密为了人民，为了实现心中理想的文明社会，一直笔耕不辍，兢兢业业把自己的全部学识和研究成果记录下来，为后人的学习提供了宝贵的资料。亚当·斯密穷其一生都在努力构建一个完整的理论系统，试图完整地揭示人的本质属性及其历史发展过程，阐释社会秩序的运行机制和法则，揭示人类发展的过程和终极目的。亚当·斯密一生涉猎和著述的领域十分广泛，是当之无愧的伟大的思想家，在经济学、伦理学、法学、文学、哲学、修辞学和天文学方面都取得了杰出的成就。他为世界所做的贡献，在人类社会发展的漫漫征途中打下深深的烙印。历史和人民会永远铭记他。

进化论的伟大奠基人——达尔文

“妈妈，长颈鹿的脖子为什么这么长呢？这是天生的吗？是仁慈的主赐予的吗？为什么其他动物没有长脖子？”200多年前，在英国的一个小镇上，一个天真无邪的小男孩指着长颈鹿长长的脖子问他的妈妈。这个小男孩就是查尔斯·罗伯特·达尔文。

查尔斯·罗伯特·达尔文（Charles Robert Darwin，1809—1882），英国生物学家、进化论的伟大奠基人。出生于英国的什罗普郡，从小热爱大自然。1825年进入爱丁堡大学学医，1828年进入剑桥大学学习神学。1831—1836年，他随“贝格尔”军舰进行环球考察，对动植

查尔斯·罗伯特·达尔文

物和地质结构等进行了大量的观察和采集。1839—1843年编纂5卷本巨著《贝格尔号航行期内的动物志》。1859年发表《物种起源》，他以在环球科学考察中积累的资料，证明物种演化是通过自然选择和人工选择实现的，从而创立了进化论。后来，他又先后出版《动植物在家养下的变异》《人类的由来及性选择》等著作，进一步完善了进化论。

达尔文的理论不仅在生物学领域影响巨大，而且对人类学、心理学以及哲学的发展都有重大的历史性作用，还沉重地打击了神学，给人文领域带来了一场颠覆性的革命。恩格斯曾称赞说，达尔文的“进化论”

达尔文远航考察

是 19 世纪对人类有杰出贡献的自然科学的三大发现之一（另两项为细胞学说与能量守恒与转化定律）。

1. 热衷于探讨生命起源

1809 年 2 月 12 日，在英国的一个叫什罗普郡（Shropshire）的小城，达尔文来到了这个世界。

他出生于一个医学世家，祖父和父亲都是名医，祖父甚至曾提出过人类进化的科学假设，但始终都未公开其理念。达尔文的母亲苏珊是当地制陶商人的女儿，她不仅和蔼可亲、见识广博，还特别喜欢栽培花卉果树，利用各种机会培养达尔文对周围事物的兴趣。

在强烈的求知欲驱使下，一个以家为中心的小小的绿色世界成了年幼的达尔文最早的课堂。他对自然万物抱有极大的好奇心，尤其喜欢收集各种植物、动物和矿物的标本来观察研究。幼年的他时常坐在河边，静静地注视着清澈河水中的游鱼，想着一些看似天马行空的事情。庆幸的是，在母亲的悉心指导下，他学会了如何识别花草，并记住了许多生物的名字，他视它们为最好的朋友。随着他对生物学了解的不断加深，他对生命起源的兴趣也越来越浓。

美妙的童真岁月匆匆而过，在母亲的关爱和悉心引导下，达尔文对生物学产生了浓烈的兴趣。也正是得益于母亲的悉心教育，他拥有敏锐的观察力和良好的思维能力，这为他日后的成功奠定了坚实的基础。

1825 年，达尔文被父亲送到爱丁堡大学学医。在一次手术观摩课中，他看到一个小女孩在手术过程中极其痛苦，从此，他再也不敢去上手术观摩课，并因此而对医学失去了兴趣。与此同时，他对大学里的博物学、矿物学、昆虫学等课程和书籍，喜欢得入了迷，对打猎、采集矿物和动植物标本有着浓厚的兴趣，并参加了一个专注于博物学的学生团体“布里尼学会”。在这一过程中，他从曾经陪同探险家华特顿探险的黑人约翰·爱德蒙斯顿那里学动物标本的剥制技术，听到许多关于南美热带雨林的传说。他还成为当时在博物学领域颇有名气的教授罗伯特·爱德蒙·葛兰特研究团队中的一员，致力于在福斯湾一带研究海生动物的生命周期。这些研究证明海生动物的器官具有相似性，显示它们源自共同的祖先，这在当时是一个突破性的发现。达尔文本人也在大学三年级时在“布里尼学会”发表了他的生物学论文，说明了牡蛎壳中常见的黑色物体，是一种水蛭的卵。此外，达尔文还协助当时欧洲久负盛名的博物馆——爱丁堡大学博物馆，进行大规模的标本收集工作。

达尔文的父亲认为他的那些学习和研究是不务正业，但看到他无法克服对外科手术的恐惧与厌恶，也不再坚持让他继续学医，于1828年将达尔文送入了剑桥大学学习神学，热切期望他能成为一位拥有不错收入且地位尊贵、受人尊敬的圣公会牧师。但达尔文对神学院的“神创论”很反感。他仍然长时间自修自然科学，听了许多先锋学者在这些方面的讲座以及会议，并大量阅读了有关的书籍资料。年轻的达尔文热心于搜集动植物标本，对充满未知的大自然怀有浓厚的兴趣，空闲时喜欢与他的表亲威廉·达尔文·福克斯（William Darwin Fox）比赛搜集甲虫。福克斯给予了达尔文莫大的帮助，其中也包括为他引见了一位植物学领域的教授——研究甲虫的专家。达尔文十分欣赏这位教授的才识，并学习了亨斯洛的博物学课程，当之无愧地成了亨斯洛最得意的弟子。他的导师赞誉他为“走在亨斯洛身旁的人”。机缘巧合之下，1828年达尔文在伦敦第一次发现了在将要脱落的树皮里的虫子，它是甲虫的一种。因此，人们将它命名为“达尔文”。

临近考试，达尔文将重心放在课业上，当然，这也离不开导师的悉心培养和引导。凭借着对知识的热衷和对学术的探索，他的知识网得以无限扩大，这也为他后来的成就提供了很大的帮助。1831 年 2 月的期末，尽管他反感神学，却还是以学生的态度努力学习，并取得了优异的成绩。而古典学、数学、物理学的成绩也可圈可点，最终在仅有的 178 个过关名单中排名第十。

2. 跟随“贝格尔”号环球考察

剑桥大学毕业后，达尔文在家里收到了导师亨斯洛写来的信。在信中，亨斯洛说达尔文是一位非常优秀的博物学家,希望他能跟随“贝格尔”号（另译为“小猎犬”号）的船长罗伯特·费兹罗伊一起出海考察。

兴高采烈的达尔文于 1831 年 9 月 5 日到达伦敦。同年 12 月 27 日,“贝格尔”号军舰从英国德文波特驶向大西洋，开始了漫长而又艰苦的环球考察之旅。

“贝格尔”号是一艘双桅杆十炮战舰，原重 235 吨，出航时重 242 吨，长 27.5 米，宽 7.5 米，吃水 3.8 米，定编 120 人，此次航行载有 76 人。这次航行虽然打着科学探索的旗号，但船上只有达尔文一名博物学家，另外还有一名美术家、一名绘图员和一名传教士，其他都是军人、水手与工作人员。

这次环球考察的路程很长，先是穿越北大西洋到达南美洲，然后沿着南美洲的东岸航行，绕过南美洲的合恩角后进入南太平洋，再沿着南美洲的西岸航行，然后驶向加拉帕戈斯岛，之后再向南半球出发，到达澳洲的悉尼，沿着澳洲的南岸行驶到霍巴特（澳大利亚塔斯马尼亚岛东南岸海港城市），绕过澳洲后进入印度洋，经非洲的好望角进入大西洋向北返回英国。回到英国时，已经是 1836 年 10 月 2 日，前后历时近 5 年。

这次环球航行，让达尔文大开眼界。

在南美洲安第斯山脉海拔 4000 多米处，达尔文发现了贝壳化石，这表明，在远古时期，这里曾经是海洋。

在里约热内卢的一片奇异的海域上，达尔文发现一种章鱼，像变色龙一样，随着海水的深浅程度而改变身上的颜色，脚趾上生着小吸盘，居然能在垂直的光滑的玻璃上行走。

在南美巴伊亚布兰卡（今阿根廷中部东海岸）附近，达尔文发现了许多已经灭绝的古代陆生巨型动物的化石，譬如大象般的大树獭、箭齿兽、犀牛般的棱角獭，还有一些类似今日的犰狳与水豚的巨型古代陆生动物。

在达尔文住宿的一个村庄的草地上，有一种美洲鸵鸟，体型小于非洲鸵鸟，总是喜欢在达尔文面前奔跑，它们奔跑时，会将双翼张开。达尔文抓住其中一种特殊、稀有的鸵鸟并将其送回英国动物学会，后来这种鸵鸟就以达尔文的名字命名，叫达尔文美洲鸵。

在南美洲的加拉帕戈斯群岛（即科隆群岛）上，达尔文采集到 193 种植物，其中 100 多种是这个群岛特有的品种。在这里，达尔文还发现有 14 种地雀。这些地雀与南美洲大陆上的种类相似，但有自己的特点。即使是在这处群岛上，岛与岛屿之间的地雀也是既彼此相似又各有不同，特别是这些鸟的喙变化很大。

许许多多的发现,让达尔文认识到以下问题。第一，生物种类具有连续性。在南美洲探索时，他发掘出一些已经灭绝的犰狳的化石，虽然与当地活的现代犰狳的骨架几乎一样，但是体积要大得多。在他看来，这可以推断出当今的犰狳就是由这种已经灭绝的大犰狳进化而来的。第二，地方特有物种的存在。他穿越南美大草原时，注意到某种鸵鸟随着时间推移逐渐被另一种不同的、但是很相似的鸵鸟取代。而且每个地区都有着既不同却又相似的特有物种，如果是上帝创造的，为何不让这些物种完全一样呢？因此，达尔文认为这是同样的祖先处于不同的地理环境中，在自然条件的阻隔和影响下分别进行了不同程度的进化。第三，是来自海洋岛屿的证据。达尔文在航行期间对比了非洲佛得角群岛和南美洲加拉帕戈斯群岛上所生存的生物类群。两个群岛地理环境极其相似，如果上帝创造了世界万物，那么两座岛屿上的生物类群应该也是相似的。但事实上，这两处群岛的生物类群却相差甚远。并且佛得角群岛的生物类群更接近它附近的非洲类生物类群。显然，岛上的生物更大的可能是来自非洲大陆并随着时间的推移发生了变化，在其中并没有上帝造物的痕迹。达尔文还发现，加拉帕戈斯群岛上也有类似的进化过程的痕迹：组成这个群岛的各个小岛虽然环境相似，却各自有着自己所特有的海龟、蜥蜴和雀类。所以与其相信上帝故意在一个小岛上创造不一样的独特物种，不如相信这些特有物种都是生物同一祖先在时间的推移下，因为地理隔绝的原因以及更多的生存条件的影响下进化形成的，这更有说服力……

在航行的每一处都有达尔文认真考察研究的足迹与汗水，与当地居民细细交谈，从交谈中尽可能找出一些生物的情况和发展的大体脉络。有时候也请他们当向导，跋山涉水去采集矿物和动植物标本，通过挖掘生物的化石发现了许多从来没有记载的新物种。白天，达尔文收集谷类岩石标本和动物化石，晚上又记录白天的所见所闻。就这样，点点滴滴地积累了“进化论”的知识基础。

这 5 年的环球考察，为达尔文的进化论研究积累了大量珍贵的第一手资料。后来，达尔文说：“整个‘贝格尔’号舰上的考察生活是我这一生中最重要的一件事，也正是因为它决定了我今后整个事业的方向。”

3. 创立进化论，揭示物种起源

在即将开始乘坐“贝格尔”号旅行之时，达尔文曾经拜访了他十分钦佩的剑桥大学植物学教授汉斯罗，汉斯罗建议达尔文出行时把地质学家赖尔的著作《地质学原理》带在身边，并建议达尔文在旅行中无论如何随时翻阅它，因为汉斯罗觉得它十分有用，但是除了它所记载的事实之外，千万不可注意其他，因为他的理论都荒唐到了极点。

然而，在环球考察过程中，达尔文发现，赖尔的理论不但不荒唐，而且非常珍贵。例如，赖尔认为，地表环境的变化也使生物随着时间的推移逐渐发生变化。达尔文在考察佛得角群岛的圣特雅哥岛时惊奇地发现，地层越深，生物化石的结构越简单；而地层越浅，生物化石的结构就越复杂。这表明赖尔的理论是完全正确的。因此，他不惧当时的主流观点毅然写道：“这次调查使我相信了赖尔的观点，它远远胜过了我所知道的其他任何著作中提倡的观点。”

“贝格尔”号环球航行结束后，达尔文来不及和阔别已久的亲朋叙述一路上的千难万险和久别不见的思念，一边忙着整理这些资料，一边又继续深入研究。

他记述了家养和自然环境中动植物的变异情况，研究了所有能找到的资料，包括他个人的观察和无数次实验、各领域的学术论文、国内外生物学家的通讯以及与养殖动植物的园丁及饲养员的聊天等。最终，他得出了这样一个结论：家养动植物的变异是由于人工精心照料选择造成的。

家养动植物是如此，其他动植物呢？

达尔文在休闲时读了马尔萨斯的《人口论》。马尔萨斯认为：人口的增长速度必然快于生活资料的增长，这样的条件下必然导致因必需品的不足而形成的对生活资料的争夺。达尔文突然意识到，马尔萨斯的理论在生物界也同样适用。所有的生物繁殖速度都是以指数的形式增长，但一个生物种群的数目却相对稳定，这充分说明生物的后代只有少数能够存活，生物之间必然存在着争夺资源的生存竞争。达尔文进一步推导：任何物种的个体都各不相同，都存在着不同的变异，而这些变异的可能是中性的，也可能会影响生存的能力，这就导致了个体的生存能力有强有弱。在生存竞争的大环境中，生存能力强的个体能产生较多的后代，种族能够得以繁衍，并且遗传性状在数量上逐渐取得了较大的优势，而生存能力弱的个体则逐渐被淘汰，生物物种为了更好地适应环境必须逐渐进化，这便是大自然中万物都必须遵从的法则。

为了证实自己的猜想，达尔文收集了大量的资料，并于 1842 年写出了《物种起源》的简要提纲。最终于 1859 年 11 月将经过 20 多年研究写成的巨著《物种起源》推出。在这部著作里，达尔文明确地提出了“进化论”的相关思想，说明物种的生存是在不断地变化之中，是由低级到高级、由简单到复杂的演进过程。

《物种起源》的出版，第一次把生物学建立在了完全科学的基础之上，并最终形成一个完整的科学体系。这个体系，以自然选择为核心，第一次对整个生物界的发展做出了唯物的、规律性的详细解释，这一伟大成就推翻了唯心主义、形而上学在生物学中的统治地位，使生物学发生了革命性变革。并通过全新的生物进化思维，推翻了一直占据神坛的“神创论”和物种不变的理论的地位，在欧洲乃至整个世界都引起了轰动，沉重地打击了神权统治的根基，对人类学、社会学、心理学及哲学的发展都有不可估量的影响。

人类也是一个物种、一种生物，人类又是怎么来的呢?

1871 年,达尔文发表了《人类的由来与性选择》(简称《人类的由来》)。

在该书中，达尔文首先研究了人类的变异性，肯定人类同动物一样，是具有变异能力的，而且各种变异具有遗传性，不仅身体结构、生理特点可以遗传，而且连精神和心理特征也能遗传。其次，他认为人类也同样受到支配生物进化的各种规律的影响。人类的形成跟其他生物一样，都是在“自然选择”的复杂影响下进行的。他认为，人类在生存斗争中之所以能比其他动物占优势，主要是依靠自己的高度智慧和社会习惯，例如互助互援的道德心及合群性等。智力的发达是人类进化的重要条件，高度的智慧又促进了语言的发展，这是人类进步的重要因素。

在众多观点中，最令时人惊讶乃至愤怒的是，达尔文认为，人类是由猿演变而来的，用中国人的话说，人是由猴子变的。达尔文这样指出：“人类是灵长类进化的最高阶段，于中新世末期，1400 万 ~ 1000 万年以前开始从猿类分化出来，向着人类系统方向进化。”“现代的猴和猿类与人类是亲戚，有着共同的祖先，人是从古猿进化而来。”

面对可以想象的公愤，达尔文心平气和地像解释其他动物的演变一样，解释了从猿到人发展过程中所有的一切变化。如直立、双手、牙齿、颅骨、脑、智力等各种特性，甚至社会的各种特性、人类的社会习惯以及道德、伦理等都是自然选择的结果。运用自己有关生物进化的全套理论来研究和证明人类起源于动物，确定人类在生物界的位置，以及人和高等动物之间的血缘关系，用“自然选择”的理论来解释从动物到人的进化过程。

达尔文的进化论，特别是其猿变人的理论，不但引起了很多人的愤怒，而且让他的妻子爱玛深感不安，因为她是一个虔诚的基督徒。她知道进化论会削弱人们对上帝的信仰，试图向达尔文提出修改《物种起源》。为了表示郑重，爱玛还专门给与她朝夕相处的丈夫写了一封信。信中说："我肯定你知道我爱你至深，所以我感到你的痛苦就是我的痛苦，我发现唯一能使我的思想得到宽慰的，就是让上帝的手来解除这种痛苦。"

达尔文虽然深爱他的妻子，但不想为了爱情而放弃真理。达尔文之所以在学术上具有很大的成就，不仅在于他孜孜不倦地学习，锲而不舍地钻研，更是与他对科学与真理的不断探索和坚持密不可分。他在有限的生命里尽力去发现这个世界，当遇到困难时，从不气馁，而是保持乐观的心态奋勇向前。如此，最终真正地攀上了科学的巅峰。每一个成功的人，每一个令全世界认同并尊重的伟人，都有他自己的人格魅力与个人能力，这些特质看似各有所长，其实殊途同归，都是对自己所处所见所思的总结升华。他们从不敷衍，因而结果也不会敷衍他们！

爱玛没有因为丈夫的坚持而责怪他，而是自我安慰地对女儿说："你父亲恐怕不相信上帝，可是上帝相信他。他将安静地在他所去的地方休息。"

1882年4月19日，这位对整个世界贡献巨大的科学家在达温宅内因病逝世。教会原谅他的学说对宗教的冲击，将达尔文厚葬于威斯敏斯特大教堂，而且将他安葬在牛顿的墓旁，以示对其极高的敬仰。

4. 另类墓志铭

达尔文以其对科学的严谨态度和独特的人格魅力成为进化论的奠基人，他的学说也成为科学史上的里程碑。达尔文去世后，人们在他的墓碑上用极其简约的评价总结了他的一生及学术成就："他把世界翻了一个个儿，虽然并不完全。"虽然墓志铭大都虚美隐恶，但他的确是实至名归。实际上，在他之后的历代先贤的经典著作中，都对他赞誉有加。

马克思写道：达尔文的《物种起源》非常有意义，这本书可以用来当作历史上的阶级斗争的自然科学根据；德国著名政治家李卜克内西用他敏锐的笔触刻画了一个在他心中的达尔文，是达尔文让1859年成为划分科学史前后两个"世界"的界限。《物种起源》的出版使生物学发生了一场革命，这场革命如同马克思主义登上历史舞台一样，意义重大，影响深远。达尔文远离大城市的喧嚣，在他宁静的庄园里准备着一场革命，马克思在世界嚣嚷的中心所准备的也正是这种革命，差别只在杠杆应用于另一个支点而已。

不仅政治家们惊讶于达尔文进化论在社会历史发展中的作用，科学界的同行们同样也不吝赞美之词。英国植物学家华生认为，达尔文在《物种起源》中的主导思想，即“自然选择”，一定会被当作科学上的确定真理而为人们所接受。它有一切伟大的自然科学真理所具有的特征，变模糊为清晰，化复杂为简单，并且在旧有的知识上添加了很多新的东西。达尔文是19世纪，甚至是一切世纪的博物学中最伟大的革命者。

和达尔文同期的英国博物学家赫胥黎则称赞说，他认为《物种起源》这本书的格调是再好也没有了，它可以感动那些对这个问题一无所知的人们。至于达尔文的理论，他准备即使赴汤蹈火也要支持。

纵观达尔文的一生，他的所作所为都是在为人类的发展贡献力量。也许他自己都没有意识到他所从事的事业，他毕生所奋斗的目标，对全人类乃至这个世界发展的意义。正如他的墓志铭写的那样：“他把世界翻了一个个儿，虽然并不完全。”他确实打破了人类发展进程的一个瓶颈，在此之前虽然人们也不断探寻着自己以及世间万物的发展轨迹，却鲜有人能像他一般研究得如此透彻。他的研究成果，就像开辟新大陆一般为人类指明了方向。《物种起源》的面世更是将他的思想以书面形式予以保留供世人探索钻研。达尔文的一生是不平凡的一生，与常人不同，他几乎没有任何社交，也从来不是传统意义上的所谓天才，但是他就是凭借自身不断地努力和对科学严谨且执著的精神闯出了一片天。更难能可贵的是除了实现自身价值之外，他还为世人留下了一笔无价之宝，让人类在探索自身奥秘的进程中迈出了一大步。时至今日，科学技术日新月异，人类的研究已扩展到更多领域，但是提及达尔文，人们依然对他的贡献赞不绝口，而他所留下的累累硕果，也为人类对世界、对自身的认识带来了不可磨灭的影响。

达尔文的进化论，是一个在自然世界和人类社会都引起巨大轰动的理论，这是人类第一次对自己的来源有了一个科学明晰的认识：上帝不再是创世者，人类可以是自己的主人，人类可以靠自己变得更好，自然万物也可以变得更好，再没有所谓诸神凌驾于人类之上，人类迎来了全新的自己的世界。正因如此，人类发展的历史才翻开了崭新的一页。毫不夸张地说，达尔文可以作为物种进化学说的分割线，在他之前，人们鲜有提及；而在他之后，由其衍生出的种种论调便如雨后春笋般，在世界各地生根发芽。

达尔文最主要的著作《物种起源》是一部具有划时代意义的著作，它的出版对于全世界而言都是前所未有的，它向世界证明着科学的真实存在，也不断向世界印证着自然选择下科学的重要意义。经过时代的印证和无数科学家的探索，《物种起源》先后被世人誉为“影响历史进程的经典著作”“震撼世界的 10 本书之一”“对人类发展进程产生过广泛影响的巨著”“影响中国近代社会的经典译作”。1985 年被美国《生活》杂志评选为“人类有史以来的最佳图书”，1986 年被法国《读书》杂志推荐为“理想藏书”。这些时代的印章将引领着走在时代最前沿的科学继续前行。

仗义执言为人民——狄更斯

查尔斯·约翰·赫芬姆·狄更斯（Charles John Huffam Dickens，1812—1870），19 世纪英国最伟大的现实主义作家。出生于英国朴次茅斯的波特西地区一个小职员家庭。小时候因家境贫寒，被迫中断学业，到工厂当童工。15 岁后，他当过律师事务所学徒、录事和法庭记录员、报馆采访员。1837 年他完成了第一部长篇小说《匹克威克外传》，后来又出版了《雾都孤儿》（1838）、《老古玩店》（1841）、《董贝父子》（1848）、《大卫·科波菲尔》（1850）、《艰难时代》（1854）、《双城记》（1859）、《远大前程》（1861）等作品。这些作品，特别关注英国社会

查尔斯·约翰·赫芬姆·狄更斯

底层的小人物，写出了第一次工业革命时期英国人民的悲惨生活。

狄更斯的作品，影响巨大，至今仍在世界各地出版和销售，还被大量改编拍摄为电影和电视剧。他的15部小说每一部都被拍成影视剧，而且至少都拍过两次。其中，《雾都孤儿》从1922年至2007年，已经7次被改编为电影或电视剧。2012年，为了纪念狄更斯诞辰200周年，英国及世界各地超过50个国家举办了不同形式的纪念活动。

1. 落魄的“绅士”之家

朴次茅斯——英国海军诞生地，曾经是英国的主要海军基地，如今这里保留下来的最有名的军舰，要数停靠在“查理王船坞”的那条在1805年特拉法尔海战中率领英国海军彻底打败法国和西班牙联合舰队的旗舰“胜利”号战列舰。相比于这一荣耀，另一荣耀似乎更加意味深远，那就是朴次茅斯商业路393号——狄更斯的诞生地，现为狄更斯博物馆。

1812年2月7日，狄更斯出生在朴次茅斯。父亲约翰是英国海军军需处的职员，母亲伊丽莎白是兰贝息市城镇货币局长的女儿。与一般职员家庭背景不同的是，狄更斯的爷爷曾经是克茹大厦的总管。狄更斯的爷爷去世后，曾为贵妇女仆的狄更斯的奶奶，继续留在克茹大厦当女管家，一直在克茹家工作了35年。狄更斯的父亲能进入海军军需处工作，就是出于克茹一家的照顾。

由于曾经在克茹家耳濡目染贵族的绅士生活，父亲约翰一心把自己的言谈举止、生活习惯向绅士看齐。这使他有了很多朋友，还赢得了众多的女性爱慕，最终与局长的女儿喜结良缘。在当时的英国，仆人的子嗣与中产阶级的女儿结婚，是一件很不寻常的事，总会招致太多的非议。

狄更斯的父亲约翰和母亲伊丽莎白一直非常恩爱，但生活却过得有些糟糕。本来收入有限，但生活方式却要非常绅士化——讲究仪表穿着，注意家庭摆设，爱

查尔斯·狄更斯在写作

好交际，经常举办家庭酒会，这个家庭难免常陷入经济拮据的窘境。因此，我们的主人公小查尔斯·狄更斯在这种时而欢歌笑语、觥筹交错，时而又贫困不堪、寅吃卯粮的生活中初谙世事。他稚嫩的身体和心灵随着家庭生活的动荡，在悲喜交替中颠簸飘摇。或许正是因为这种环境，使他最终养成了能从繁忙纷扰中找到乐趣，但是为人处事却时常表现出令人惊诧的性格特点。

狄更斯出生时，家里已有一个比他年长 2 岁的姐姐范妮。由于父亲工作的原因，狄更斯家经常一接到通知就立即“换房”，因此全家屡次搬迁。小狄更斯出生 5 个多月后，全家搬到波特西的霍克街。1814 年，约翰又带着全家迁往伦敦。1817 年又从伦敦搬到查塔姆——英国重要的海军基地之一，也是南部一个风景优美的港口。那时，狄更斯的父亲约翰在查塔姆军舰修造所担任一个小头目，他在海军军需处的年俸由110英镑上升为350英镑。狄更斯一家在兵工街2号住了4年，又在小溪区圣玛丽广场18号住了2年，直到1823年他们又迁往伦敦。狄更斯从5岁开始生活在查塔姆，这几年是狄更斯童年生活中最幸福的时光。经过数次搬迁，又因年纪小，狄更斯对自己出生的地方有些记不清楚了。狄更斯晚年时，曾回到朴次茅斯向公众朗诵自己的作品。有一次他和经纪人在街上散步，经过一条小巷时，他突然惊叫起来："天哪，这是我的出生地！"可一时间却怎么也记不起他家原先的门牌号。他们俩在那里来回察看，狄更斯一会儿指指这座房子，认定他在那里面住过，因为这房子使他想起了父亲；过会儿又改认另一座房子，因为那房子里显然住过像他那样瘦弱的孩子。他就这样指了一座又一座，最后似乎那里的每座房子都是他的出生处了。而后，考据家们查到狄更斯的出生地为现在的迈尔恩德高坡商业路393号，正在狄更斯所指认的房子范围内。即使狄更斯年纪大了之后，记忆力有所衰退，但是他从小就有异于常人的观察力和记忆力，这正是一个天才作家的首要资质。直到他成年后，还记得自己跟姐姐学习走路的情形，记得保姆在厨房里透过窗户看着他们的情形，更记得爸爸带他去看海军士兵操练的情形，当然还有当白雪遍地的时候，他们离开朴次茅斯的情形。

2. 少时已知人间苦

年幼的狄更斯体弱多病，经常受到痉挛的折磨，因此其他孩子嬉戏时，多数时间他是一名旁观者。这种状况使他性格中滋生了以自我为中心的成分，他没有羡慕玩耍的小伙伴，喜欢远远地看小伙伴玩耍。因为病痛的原因，狄更斯养成了站在局外的人角度，观察和分析他人行为的习惯。如果他在窗边的摇椅上休息，也会注意观察街上人们的习惯和秉性。姐姐范妮非常关心他，经常在狄更斯身体好的时候，与他一起探索罗彻斯特的城堡、教堂，查塔姆的船坞，科巴姆的公园以及肯特郡的田野和丘陵。走的地方多了，他们的胆子逐渐大起来后，小狄更斯自己也经常光顾这些地方，后来他把这些所见所闻写进了《博兹随笔》。

童年的家庭生活是快乐的，狄更斯很小就热衷于表演。一家人在闲暇时经常唱歌、表演、朗诵或者放映引人入胜的幻灯片。父亲常常带着范妮和狄更斯去当地的法冠酒店，姐弟俩也很乐意为酒酣耳热的顾客演唱几支曲子，逗得他们哈哈大笑。戏剧演出对狄更斯很有吸引力，他央求姐姐带他去罗彻斯特的皇家剧院看莎士比亚的戏剧《理查二世》和《麦克白》。童年时期的这种爱好对范妮和狄更斯产生了深远的影响，姐姐范妮后来成了音乐家，而狄更斯在后来的生活、创作和朗诵中也总抹不去戏剧对他的影响。父亲经常带着小狄更斯在乡间小道上散步。有一次小狄更斯禁不住指着盖茨山顶的一座房子告诉父亲，他非常喜欢那幢房子。父亲回答了一句令狄更斯铭记一生的话："如果你努力工作，也许有一天你会住进去。" 30多年后，狄更斯实现了父亲的预言，他购买了盖茨山庄，并在这里安享晚年。他还特地朝查塔姆方向开了个窗户，坐在屋里就可以远眺这座古老海滨小城的风貌。临终前，他表示希望死后葬在靠近查塔姆的地方。

狄更斯的启蒙教师要算他的母亲了。他跟着母亲学习写字、读书，母亲还教他一点基础拉丁文。但是，由于母亲频繁地怀孕，狄更斯的学业也经常被打断。每隔一段时间，母亲就不得不把注意力从狄更斯身上转向新出生的婴儿。从1810年至1822年间，伊丽莎白共生了7个孩子，其中有2个婴儿夭折了，在1827年母亲已经生了第九胎。虽然小狄更斯从母亲身上秉承了不少优良的品质，但母亲频繁生育的情况，使狄更斯觉得母亲的爱他之心时冷时热，从而影响了他对母亲的感情。后来人们看到狄更斯小说中悲天悯人、令人发笑的女性时，总会想到狄更斯的母亲。

在家庭经济条件尚好的时候，狄更斯姐弟都曾获得到走读学校读书的机会。狄更斯被送到一个牧师的儿子办的学校。当时办学人戚康·贾尔斯只有20多岁，毕业于牛津大学，算得上是当地一位受过完整教育的学者。他很快发现狄更斯勤勉好学、聪敏过人的优点。戚康·贾尔斯认为狄更斯具有非凡的素质，便倾尽所能启发这个儿童的智慧，训练他的才能。他还因为偏爱，特别告诉狄更斯，哥尔斯密的文字如何干净利索，还送给狄更斯一本哥尔斯密过去办的杂志《蜜蜂》。哥尔斯密（1730—1774）是英国诗人、剧作家、小说家，写有《中国人信札》(又名《世界公民》)等作品。

可是好景不长，没等小狄更斯充分展开他那瑰丽的想象，父亲约翰又接到调令，再次回伦敦的萨默塞特大楼任职。11岁的狄更斯不得不辍学回家，姐姐范妮也离他而去,到皇家音乐学院上学。在困窘的现实中，姐弟俩生存境遇的强烈反差，对狄更斯来说可谓铭心刻骨。想到自己被冷落，看到姐姐在一家人眼泪汪汪的祝愿声中离家求学，狄更斯不禁心如刀割。狄更斯非常难过，对他来说，在查塔姆生活的几年是他最值得留恋和回忆的日子。那里的所有事物和景色，他熟悉并喜欢着。《匹克威克外传》——他的首部长篇小说就以此地为背景开端。他最后一部未完成的小说《埃德温·德鲁德疑案》里最后写到的地方，仍以他没齿难忘的查塔姆作为背景。查塔姆是狄更斯“幻想的发源地”。

对敏感的狄更斯来说，从查塔姆那种海军军官摩肩接踵到伦敦奇普泰德区的环境变化，实在像是社会地位上的一落千丈，他感到心寒。即便大街上一步一个茶园，抑或青山绿水，但他同样也看到了住房的简陋破旧，而邻居又多为社会下层人物的现状。父亲苦撑强支的绅士做派，使他的声誉和经济状况越来越差。全家在入不敷出的窘境中艰难度日，只雇得起从查塔姆济贫院来的一个孤苦伶仃的小女孩当仆人。狄更斯必须承担起家庭责任，除了照顾弟弟妹妹，还要做家务活。狄更斯没有朋友，也没有人能够理解他丰富的内心。当他的生活渐渐背上了照顾家庭的责任时，便失去了曾经的悠闲与快乐，狄更斯的心开始孤独。

为了填补心中的孤独和空白，狄更斯翻出了父亲以前手头宽裕时买过的一些印刷粗劣的廉价小说，有斯摩莱特的《蓝登传》、哥尔斯密的《威克菲牧师传》、菲尔丁的《汤姆·琼斯》等。当狄更斯在阁楼上发现了这堆蒙尘已久的小说时，如获珍宝。这些在家已无人问津的弃物成了他的新“伙伴”，渐渐地他进入了嗜读如命的境界。狄更斯读书时有两个格外突出的特点，一个特点是精力特别集中，全身心地投入到书中。另一个特点就是读书时的形象联想生成得特别快。他会整整一个星期，认为自己是汤姆·琼斯。甚至连着一个月，始终想着他眼中的洛德里克·蓝登。每每回忆一本书的内容时，狄更斯首先想到的是书中出现的场景，这种形象的记忆，对于记忆力本来就很强的狄更斯来说，更是如虎添翼。他会想到，初夏的夜晚，孩子们在草地上追逐嬉戏，自己却埋头看书。他会感觉到周围的一切似乎都和他看着的书有着必不可少的联系，他会把书中的场景与现实的背景联系在一起。然后拼凑出一个全新的场景，如狄更斯曾认为自己看到汤姆·派普斯爬上教堂的尖顶；曾注视着斯特莱普背着书包靠在门边上休息；也构思着特伦宁船长和皮尔克先生在村中小酒店的店堂里举行会议。从狄更斯的想象中，我们不难发现，大卫·科波菲尔在亚茅斯附近布伦德斯的卧室里透过窗户所看到的教堂及其旁边的墓地，就是狄更斯从到他自己的卧室里所看到的查塔姆的圣玛丽广场的景象。

母亲伊丽莎白在家庭内外交困时挺身而出，在住宅以北的高尔街租了一幢房子，把“狄更斯夫人书院”七个大字刻在铜牌上，挂在门上。母亲打发狄更斯在那一带四处散发建校通告。然而挂挂牌子、发发通告像是这所学校做的所有工作。没有任何人对伊丽莎白的学校给予半点注意，当然更谈不上有生源。与此同时，肉店和面包店的老板们坚持在旧账结清前不再给狄更斯家赊账，一家人连布衣粗食的生计也维持不下去了，最终父亲因负债进了马夏西债务监狱。进监狱前，父亲对他说了最后一句话："这一辈子算是完了。"狄更斯听罢，顿觉肠断魂销。

父亲入狱后，躲在监狱里可以摆脱债务人的纠缠。而狄更斯只能眼睁睁地看着家里的东西一件一件被搬走。瘦骨嶙峋的狄更斯被迫经常出入当铺，他心爱的宝贝书籍、图画、椅案、火炉和瓷器都被典当罄尽。最后，一家人在两间没有地毯的房里拥挤生活。这时，家里来了一位叫詹姆斯·拉默特的先生，他是狄更斯妈妈的姻亲，在查塔姆时曾和他们住在一起，现在他是一家黑鞋油作坊的经理。看到狄更斯一家的境况，他建议狄更斯到他的作坊里去当童工，每月领取 6 先令的工资。母亲听到这个建议喜出望外，这让狄更斯觉得就算他以优异的成绩从中学升入大学，母亲也不会比这更高兴。

拉默特先生的黑鞋油作坊位于亨格福德码头临街的河边上，里面耗子成灾，破烂不堪，弥漫着烂木头的臭味，狄更斯整天与没受过教育的穷人家的孩子为伍，干的是极乏味的工作，没有乐趣，没有希望。他的出身，接受过的教育和曾经的生活习惯影响始终督促着他对正规教育的追求，根本没有想到贫穷、幼而失学和不得不以劳动谋生的命运这么快就会降临到他的头上。

狄更斯母亲的学校开设半年没有招到一名学生，于是在1824年3月她离开了高尔街，带着孩子们住进了马夏西监狱。当时英国的法律允许负债人的家属与负债人在牢房同住，约翰仍然能从海军军需处领取每周6英镑多一点的薪水。狄更斯和姐姐范妮并未与家人一起住进马夏西监狱。范妮住校，狄更斯起先寄居在卡姆登镇一位形销骨立的老妇人家里，由于在老妇人家里狄更斯经常处于饥饿状态，情绪低落，所以在向父亲哀求后，他在监狱附近的兰特街上找到一间阁楼。房东一家对狄更斯非常好，有一次狄更斯的老毛病发作，房东悉心照料他。每逢星期天，狄更斯都会去找姐姐，然后同姐姐一起去马夏西监狱与家人度过星期天。

贫困剥夺了狄更斯进入学堂的机会，但是剥夺不了他接受教育的想法。“祸兮福之所倚,福兮祸之所伏”，他好学的天性在社会这所大学堂中同样可以得到丰厚的回报，他有更多的自由和机会去观察城市的风光、人文和事理。狄更斯观察到的景物和听说或经历过的事后来成为他进行创作的素材。

从某种意义上说，狄更斯在贫民窟里受到的才是真正的教育。虽然他竭力在童工伙伴面前掩饰家庭的贫困，但他从前辈的书中知道穷人的生活里也有精彩的故事。在他的文学启蒙生涯中，他的灵感是从斯摩莱特、菲尔丁和塞万提斯等人的小说中汲取的。模仿是创新的第一步，狄更斯每天忙完自己的工作之后，便开始读书。等到他有写作欲望时，就敢于在以往那些文学大师的影子里蹒跚学步。他想写个悲剧，又想写供人们在家里阅读消遣的故事。为此，他在枯燥的工作之余，便在伦敦的大街小巷寻找灵感，积累各种人物素材。起初，他经常徘徊在汉普斯特路附近，后来又常到舅舅巴罗家的索城区杰勤德街溜达。对于哈芬教父住的莱姆豪斯区教堂更是流连忘返，因为那里有各种同航海有关的活动，更何况一路上还可以看到伦敦东区的生活。狄更斯最爱去伦敦大菜市和河滨路，时常驻足街头，时而窥视庭院，时而凝视小巷居民区里跑过的老鼠……伦敦贫民区有一个七条街交会的路口，人们叫它七街口，这个地方给狄更斯留下了深刻的印象。他一想到七街口，脑海里就浮现出各种邪恶、贫困和乞讨的杂乱景象。当时的他不能理解为什么有那么悬殊的贫富差距，认为这十分可怕。但越是不理解越能激起狄更斯的好奇心，不知不觉，这里人们的谈吐和发生的事情在他敏感的脑海里慢慢积累。当时狄更斯不可能清楚地认识到这些见闻感受就是他日后的财富，等到他把这些见闻诉诸笔端的时候，他对于曾经的经历深怀谢意。

对于狄更斯的父亲约翰来说，1824 年可说是悲喜交加的一年。4 月份，狄更斯的祖母去世，约翰继承了约 250 英镑的遗产，他的兄弟还帮他还清了债务。于是，狄更斯一家告别马夏西监狱，在约翰逊街租了一处房子。年底，约翰又得到海军军需处所发的年金，并且靠一位妻舅的帮忙，被任命为一家报社在议会中的采访记者。

一天，约翰跑到儿子做工的地方，看见他在众目睽睽之下干活，这位“绅士”觉得这简直是在出乖露丑，甚感不悦。回家后他立即给拉默特经理写了一封信。约翰的信言辞激烈，根本没有考虑到委婉的用语。第二天拉默特立即就把狄更斯解雇了。母亲搞不明白这突如其来的变故对家庭有什么好处，竭力从中调解。对一个拼死拼活料理家务的

狄更斯著《匹克威克外传》（中文版）

家庭主妇来说，首先涌上心头的是每周6先令的损失，同时她还要考虑和娘家的亲戚保持友好关系。无论母亲怎么考虑，唯有狄更斯本人的需求，她没有考虑到。13岁的他无法理解母亲的处境。在狄更斯看来，回到黑鞋油作坊简直就是回到无边的苦海和绝望之中。好多年以后，独自忍受童工的痛苦成了他最后的感触。而他母亲非要送狄更斯回去工作一事，狄更斯一直怀恨在心，永远无法忘记。这也许就是这位天才作家在早期的作品中以母亲为原型塑造人物形象时，总是夸大了她们在生活中某些特质的原因吧。

因为父亲的坚持，狄更斯离开黑鞋油作坊，随即成了一名书林顿寄宿学校的走读生。两年多的学校生活与做童工相比，也算是十分快乐的岁月了。尽管校长除了使用笞杖外，几乎对什么都一窍不通，但教师们却都博学多才，让狄更斯学到了很多知识。

3. 厚积薄发闯文坛

15岁，应该是在学校好好学习的年龄，狄更斯却离开学校，步入社会工作。最初，他找了一份在律师事务所的工作，在那里工作的仅仅几个星期，他认识了成为终生朋友的事务所职员托马斯·米顿。两人关系一直很好，只要兜里有钱，他俩就会相约戏院、酒馆、伦敦街,走走聊聊叙叙旧。之后狄更斯在母亲的帮助下,转职到埃利斯和布莱克默联营律师事务所。他的著作《匹克威克外传》中很多情节都来自这个事务所中的所见所闻。

一个秋天的晚上，走在舰队街的狄更斯突然拐进约翰逊巷不见了——原来他是往一家叫《晨报》的报社（另有说法是叫《月刊》杂志社）信箱里去投一份稿件。那是狄更斯迫使自己用心写作来排遣烦闷，以现实生活为素材写的一篇文章。在投递之前他就做好了充分的心理准备，他并不害怕碰壁，毅然投进了杂志的稿件箱。而他投递的这篇文章就是日后以《明斯先生和他的表弟》为总标题蜚声文坛的一组随笔中的第一篇。果不其然，在投递之后，文章便如同落下悬崖的碎石一般没有了音讯。几个月后，文章在当年12月发表。年轻的狄更斯得知这一消息后，心中有说不出的喜悦，异常亢奋的他来到了伦敦最著名的威斯敏斯特教堂，在那里待了半个小时。他在教堂里流下了泪水，泪水中包含了多少孤独、多少辛酸、多少忐忑。虽然报刊的编辑很明确地告诉狄更斯，给该刊撰稿是没有稿酬的，但狄更斯仍然一篇篇地把自己的作品寄去。当时，只要有一个地方能发表自己的文章，让众人一起分享文章中的故事他就已心满意足了。就这样，虽然这些文章在发表初期都是不署名的，但是狄更斯仍然乐此不疲，很久以后他才署了自己的笔名——博兹，并且报刊社也开始给他发一点薪水。

1833—1841 年，是狄更斯开始文学创作的时期。内容主要表现伦敦城乡的风俗人情和景物及对生活的爱憎。狄更斯的作品从开始的名不见经传到慢慢引起了人们的注意用了很长一段时间。其中有一篇还被编成滑稽剧在阿德尔菲剧院演出，一些报刊全文转载了这篇作品,并且倍加推崇。狄更斯的作品受到青睐之后,他便写信给他所投稿的报刊编辑，要求加薪。狄更斯表示希望编辑部能看到他要求是“合理和不过分的稿酬”。编辑部毫不犹豫地给他提了薪，他的工资从每周 5 畿尼(1 畿尼 =1.05 英镑 =21 先令)增加到每周 7 畿尼。

因为作品的名声，狄更斯逐渐为人们所知。一些名人开始与他结交，比狄更斯年长的哈里森 · 安斯沃思便是其中一个。安斯沃思经常在他的别墅里举行舞会，并邀请狄更斯参加。在安斯沃思举行的舞会中狄更斯认识了出版商约翰 · 麦克隆，他对狄更斯的作品大加赏识。1836 年 2 月，约翰 · 麦克隆推荐出版了第一部狄更斯随笔集《博兹特写集》。第二年，又出版了一部同名随笔集。狄更斯在晚年回忆那段时光时写道,假如不把他在 9 岁、10 岁时所写的，曾在挤得满满的育儿所里演出并博得不少掌声的那几本悲剧算进去的话，那么这几本随笔集就是他写作生涯中的最初尝试了。

已经出名的狄更斯虽然挣到了一些稿费，但因为他的痉挛经常发病，所以钱常常不够用。他的父亲因欠酒商们的债再次入狱，狄更斯好不容易凑足钱，让父亲获得了自由，不料没多久，母亲又病倒了。福无双至，祸不单行。身为一家之主的老约翰不仅不想法缓解家庭的窘境，相反，一有人上门讨债，他便立刻逃之夭夭，对家里人都不透露行踪。于是，为了帮助家庭和不使父亲身陷囹圄，狄更斯只好经常拿自己的薪水去做抵押。其实，从狄更斯开始挣钱起，一家的生计实际上就是由他维持的，家里的成员有的终身由他抚养，有的则经常得到他的资助。像他这样的家庭

《匹克威克外传》

负担，真可以说是绝无仅有的。最后，全家搬出本廷街，开始分开居住。狄更斯带着他的小弟弟弗雷德里克住在弗尼瓦尔旅馆13号，房间比较寒酸，因为他得用大部分收入维持全家人的生计，所以只好在一间没地毯，只有一张松木桌、两三张硬板椅、几本书的房间里会客。尽管有这么多的烦心事，狄更斯的心情却非常好。

他在闲暇之时，常到伦敦街上去漫游，注意民间的人和事，尤其是有些讽刺、滑稽的事情。1837年他的第一部长篇小说《匹克威克外传》开始在报刊上连载。作者通过匹克威克和他的匹派至友的游历，揭露当时英国现实生活的黑暗，描绘了作者心目中的古老的、美好的英格兰，反映了作者向往不受封建压迫和资产阶级剥削的思想与乐观主义精神。小说第一卷出版后，柔软心肠的匹克威克先生、老年的威劳先生以及他的儿子萨姆，很快成了家家户户熟悉而亲近的朋友。读者看到那滑稽的人物，轻松的对话，可笑的故事，都忍不住要笑出声来。这时狄更斯25岁。从此以后，便一发而不可收，狄更斯的作品一部接着一部出版，如《奥列佛·特维斯特》《尼古拉斯·尼克尔贝》《老古玩店》《马丁·朱述尔维特》《圣诞欢歌》等，受到了大众的欢迎。

1836年，有能力养活家庭、才华横溢的狄更斯，遇上了自己的第一段爱情。狄更斯与凯瑟琳·霍德斯相爱，并很快步入婚姻殿堂。遗憾的是，这并不是一段幸福的婚姻。一方面，狄更斯与凯瑟琳·霍德斯两人性格、思想、兴趣、志向的巨大不同，导致两人沟通过少，生活缺少共鸣。另一方面，狄更斯总是活在自己那理想化的思维中，这大大影响了他们的生活和感情。所有的矛盾在婚姻初期便一一暴露，狄更斯与凯瑟琳·霍德斯陷入了痛苦之中。

狄更斯似乎并没有过多地在意他与凯瑟琳·霍德斯的婚姻，婚姻的不幸似乎更激发了他的文学创作。1848—1861 年，是狄更斯创作的繁荣时期。当时由于英、法革命运动的失败，资产阶级的反动势力更加嚣张，狄更斯对社会的认识不断深化，作品反映的社会生活也更加广阔，乐观主义精神被沉重、苦闷的心情和强烈的愤懑代替。这时的作品主要有《董贝父子》《大卫·科波菲尔》《荒凉山庄》《艰难时世》《小杜丽》《双城记》和《远大前程》。这些作品的主题思想不断深化，艺术风格也有了与以前不同的特色。狄更斯善于运用典型的细节，表现人物的特征；着力描写小人物善良、温情，揭示道德感化的力量；同时对资产阶级的罪恶和惨无人道的社会制度做了具有强烈感染力的艺术概括和无情的嘲讽批判。

在这个时候，狄更斯与凯瑟琳·霍德斯的婚姻危机不但没有出现缓和的迹象，他反而爱上了凯瑟琳·霍德斯的妹妹玛丽。每次玛丽到他家中，他都会尤其热情地款待。最明显得是，当玛丽病逝那一刻，表现最痛苦的人是狄更斯。好长一段时间他都无法正常生活、工作，还总是在梦中遇见玛丽。有时他还自言自语说梦话："玛丽，我很想你，如果你没有离开，我会选择你。"这种情况最终导致狄更斯与凯瑟琳·霍德斯的婚姻彻底破裂。凯瑟琳·霍德斯再也无法忍受狄更斯这种因为妹妹玛丽而产生的忧郁，两人于1858年后分居。在独自生活后12年，狄更斯于1870年6月9日因脑出血去世，年仅58岁。他的死很突然，以至于他的最后一部作品《埃德温·德鲁德疑案》没能完成。

4．"不必要的细节"

狄更斯的去世使那些熟知他的人、那些不熟知却读过他的书的人都为之悲痛。有人说狄更斯的作品充满着"不必要的细节"。英国左翼作家乔治·奥威尔说，狄更斯是一个人们可以在一定程度上去模仿的作家。"但是我们所能偷得的，只是狄更斯本人从更早的小说家那里学来的东西，他本身固有的丰饶的创造力是无法模仿的。这种不同于常人的创造力，不是指有关人物的创造，更不是指有关'场景'的创造，而是指对语气和细节的创造。"因为他的小说，最突出的特点就是"不必要的细节"。这些"不必要的细节"，恰恰成就了富于狄更斯特点的作品，在文学的天空中闪耀着璀璨的光芒。不仅如此，每一个人似乎都不可能是完美的，他的人生也有着“不必要的细节”。

1865 年 6 月 10 日，狄更斯从法国乘火车回他的家乡。火车在大桥上行驶时，突然出轨。连着火车头的前 7 节车厢冲出了轨道，掉到了桥下。狄更斯在第 8 节车厢，由于车厢相连，而被悬在了半空。狄更斯也掉到了被悬挂的车厢的底部。他尽力使在车厢里的同伴安定下来，自己爬上火车，拿到了打开车门的钥匙，救出了车厢里的其他人。随后，他加入了救援队帮助救援。当时已经 53 岁的狄更斯似乎感觉不到疲惫。但在这件事情之后，他似乎不愿意提起这桩“英雄事件”，更不愿出庭做证。起初人们都以为是这段可怕的经历让狄更斯不愿提及，后来的真相却也成了“不必要的细节”的人生的一部分。因为，他当时的旅伴正是他相伴了 25 年的情妇奈丽·特南，他不想让人们知道他们之间的秘密。狄更斯和奈丽·特南于 1857 年相识，45 岁的狄更斯与 18 岁的奈丽·特南坠入情网。让他的孩子不能接受的是，这个女子只比狄更斯的女儿凯特大几个月。奈丽·特南因为饰演狄更斯笔下的角色而与其相识。狄更斯对这个比自己小 27 岁的情人沉迷不已，从而公开和妻子提出离婚，还羞辱自己的妻子，在他换衣服的地方与卧室间修了一个隔断。孩子看到父亲的做法，很是不解。凯特曾经说过她非常热爱她的父亲，但他却是一个“坏蛋”。

狄更斯似乎更愿意活在自己的世界中。对我们而言，狄更斯的时代已经过去了，他的身体在威斯敏斯特教堂的诗人角沉睡着，但他在作品中留下的灵魂与精神却一直留在人们心中。我们都知道，很多小说里的人物和事件都是虚构的，但狄更斯的这种虚构更加贴近他所生活的时代的现实，让我们看到的仿佛就是狄更斯自己故事的真实写照。这种取材于生活却高于生活的写作，经过时光淬炼后被世人渲染成“天才”。我们所知道的“天才”作家狄更斯就是这么被虚构出来的，然而正如历史评论家奥利尼克所说，这只是“碰巧”而已。

狄更斯的一生，在被赞扬与非议中度过。世人对他的评价总是褒贬不一。但无论如何，他所取得的成就以及创作出的作品却是不容任何人忽视的。毫不夸张地说，在英国乃至整个英语世界里，狄更斯的影响力以及受欢迎程度也许仅次于英国另外一个大文豪莎士比亚。虽然他的人生只有短短的58个春秋，但是精力充沛的他却游刃有余地扮演着众多角色。记者、演员、畅销书作家、法律史家、杂志主编、朗诵家以及慈善家这些头衔让他的人生变得丰富多彩。

他的小说《双城记》开篇有这么一段话：“这是最

好的时代，这是最坏的时代；这是智慧的时代，这是愚蠢的时代；这是信仰的时期，这是怀疑的时期；这是光明的季节，这是黑暗的季节；这是希望之春，这是失望之冬；人们面前有着各样事物，人们面前一无所有；人们正在直登天堂，人们正在直下地狱。”这是被用于评价法国大革命时期法国的社会形态，言辞之犀利，笔锋之强硬都令人喟叹。这段话也因其澎湃的节奏、鲜明的对照和开阔的视野而被后世无数次引用，在任何一个时代都能唤起绵延不绝的共鸣。除了《双城记》，狄更斯的其他脍炙人口的作品在英国文学史上也享有崇高地位。狄更斯可谓是时代的宠儿。

狄更斯的去世在英国文学史上如巨星陨落，他的离开使世界失去了一位伟大的作家。但是狄更斯的家人并这么认为，在他们眼里，狄更斯是一个十足的坏蛋。因为狄更斯总是沉迷于自己的世界，沉迷于自身的影响力到底会多大，希望大到足以让群众大笑并且深陷他所塑造的形象中。而他的这种影响力渐渐让他忽略了家庭、女儿、妻子，也使他变得越来越冷酷无情。

狄更斯，一个一生都在写故事的人，他在最后一场“告别朗诵会”上留下了最后一句话：“从此，我的身影将永远从这绚烂的灯光下消失，在此我真诚有礼、满怀感激与深情地道一声别——再会。”

用“苹果”改变世界的人——牛顿

艾萨克·牛顿（Isaac Newton，1643—1727），英国著名的数学家、物理学家和天文学家。出生于英格兰林肯郡乡下的一个小村落伍尔索普村的伍尔索普庄园。1648年，牛顿被送去上小学，喜欢看一些介绍各种简机械模型制作方法的读物。从11岁到17岁，牛顿在金格斯皇家中学学习。后来因为生活困难，曾一度停学在家务农，但牛顿一有机会便埋首书卷。1661年6月3日，进入剑桥大学三一学院学习。1665年，他发现了广义二项式定理，并开始发展一套新的数学理论。1665年，牛顿获得了学士学位，而大学为了预防伦敦大瘟疫而关

艾萨克·牛顿

闭了。在此后两年里，他在家中继续研究微积分学、光学和万有引力定律。他主要有《自然哲学的数学原理》《光学》《光学讲义》《宇宙系统》和《月球理论》等一系列有关物理和数学的著作，还有像《古王国变迁史》这样的文学类书籍，此外，他还留下了千百万字的手稿。他的最主要的观点体现在《论分析》《级数和流数方法论著》《普通数学或数学结构与题解集》和《未发表的科学论文集》等文章，还有被烧掉的《化学》手稿中。在天文学领域，牛顿继承发展了哥白尼、布鲁诺等人的研究成果，用数学公式来表达定律，在天体运动研究方面发挥了重要作用。他发现的万有引力定律，是17世纪自然科学最伟大的成就之一。在光学方面，牛顿利用三棱镜的实验，发现了白光是由有色光组成的，从而奠定了光谱学的基础。他还发明了世界上第一架反射望远镜，让物体放大 40 倍成为可能。在数学上，牛顿创立了微积分学，在证明了广义二项式定理正确性的前提下，提出了“牛顿法”以趋近函数的零点，为数学的进步做出了重大贡献。力学方面，牛顿在伽利略力学理论的基础上，阐明了动量和角动量守恒的原理，从而产生了牛顿运动定律，建立了完整的力学理论体系。牛顿一生的成就铸就了科学史上的丰碑,成为从一只“苹果”的发现改变世界的第一人。

1. 聪明孩子还是傻孩子?

1642 年（此时的英格兰并没有采用教皇的最新历法，而一直沿用着旧历的方式纪年，所以此时的 1642 年为旧历）的圣诞节那天（按公历此时已经是 1643 年），在英国林肯郡伍尔索普村一个农民家庭中，随着稚嫩的哭声，艾萨克·牛顿来到这个世界上。新生命的到来，为沉浸在悲痛中的家庭带来一丝安慰。因为，在牛顿出生前的 3 个月，他的父亲艾萨克因为肺炎加重而不幸去世了。牛顿的母亲因为悲伤过度，没有等到生产的月份，就提前生下了牛顿。由于早产的原因，牛顿出生时十分瘦小，而且呼吸急促，整天不停地啼哭。他的母亲汉娜·艾斯库看着怀中瘦弱的小生命十分心疼，有时还偷偷地流眼泪。当邻居们得知汉娜·艾斯库一个人带孩子的辛苦时，常常安慰她，希望牛顿能够得到上帝的眷顾。母亲对孩子的悉心照顾得到了回报，随着时间的推移，孩子也一天天成长起来。汉娜为纪念丈夫，给孩子取了一个和他爸爸一样的名字：艾萨克·牛顿。

牛顿3岁的时候，母亲改嫁到巴纳巴斯·史密斯（Barnabus Smith）牧师的家。无奈之下，幼小的牛顿被寄养在他的外祖母玛杰里·艾斯库（Margery Ayscough）的家中。因为从未见过父亲，年幼的牛顿并不喜欢他的继父。他不理解母亲的做法，所以牛顿对母亲的改嫁抱有一些敌意。牛顿曾经一度无法忍受发生在他身上的事情，便萌生了把继父和生母同房子一起烧掉的念头。但是幸好，这些念头并没有被付诸实施。牛顿对家庭的不满对他的成长产生了一定的影响，他甚至有些自闭，很少和旁人交流，大多数时候都是和外祖母待在一起。外祖母即使带着牛顿一起出去买东西，牛顿也只会安静地跟着外祖母，不与邻居们打招呼，也几乎不会回答邻居问他的一些话。

在外祖母的陪伴下，牛顿逐渐长大了，到了上学的年纪。外祖母也希望牛顿在学校中能够接触到更多的同龄人，从而改变他不善和人交流的弱点。牛顿似乎并不惧怕上学，在他上学之前，外祖母便教会了牛顿很多简单的数学知识。牛顿在学习数学的时候，十分轻松，一教便会，有时牛顿还会把学到的东西运用到买东西的过程中。更令外祖母高兴的是，牛顿小时候虽然不善表达自己的感情，但是一提到数学便满脸欢喜。

大约在5岁时，牛顿被送到公立学校读书。上学的第一天，牛顿在课堂上安静地听课。但是，他旁边的小朋友却十分调皮，经常和他说话。牛顿很少和外祖母以外的人交流，所以也没有理会和他说话的同学。老师看到了牛顿旁边的同学说话，便把他叫起来回答问题。没有听课的同桌默默地站着，一句话也说不出。老师接着又把牛顿叫了起来，希望他能回答出来。也许是因为第一天上课，牛顿有些紧张和不适应；也许是因为从来没有在一个班的同学面前讲过话，牛顿有些害怕；也许是老师突然的问话，让牛顿还没有准备好，这些原因使得牛顿在面对一道十分简单的数学题时愣了神，没能回答出老师的问题。虽然老师没有批评调皮的同桌，也没有责怪牛顿，但是这次经历没有建立起牛顿在同学面前的自信心，导致了他之后沉默少言的性格。

他不善于和他人交流，更不会在全班同学的面前表现自己，有时同学叫他一起去玩耍，他也不会去。他的小学时光里，几乎没有结交什么朋友。牛顿一个人闲暇时，总会看看角落里的花花草草，偶尔一两只

艾萨克·牛顿

昆虫飞过，还会和它们说几句话，自得其乐。其他同学看到了，认为自言自语的牛顿很奇怪，所以也很少和牛顿往来。孤独内向的性格和对大自然无限热爱的天性结合起来，让牛顿产生了一种探究自然奥秘的急切欲望。牛顿最开心的还是放学之后，这时他可以自由自在地做自己喜欢的事情，不必理会别人的言语与态度。他会用捡到的树枝编一个放小物件的筐子，也会用各种各样的石子、木块垒一个房子，还会用纸折不同的物品，这一刻的他才是真正快乐的。从动手中找到自信的牛顿，却始终无法在课堂上表现出色。他能够快速地做出别人需要思考一会儿的数学题，但是却无法考得优异的成绩。因为每到考试，他都会十分紧张，都会想起第一天没能回答出老师提问的事情。逐渐地，他成了班里学习平平的学生。

1654年，牛顿进了离家有十几公里的九龙的金格斯皇家中学读书。虽然考试仍然不尽如人意，但是生活中的牛顿确是让人感到欣慰的孩子。时常跟在外祖母身边的他，养成了勤俭节约的好习惯。牛顿把外祖母给的零钱都存了起来，在能够独自运用工具的时候买了锯子、钉锤以及一些常用的小工具。每天在完成学校的课业后，就在房间里敲敲打打，做一些自己感兴趣的小物件。风车、木钟、折叠式提灯都可以被他做出来。有一次，牛顿把自己制作的小灯笼绑在风筝下面，他想借风筝让灯笼升上天。可是，第一次因为绑的位置不正确，导致风筝不平衡而没能成功。但是，他没有放弃让灯笼飞天的想法，而是把灯笼做成了对称的样子，并且绑在了风筝的正中间，保持了风筝的大致平衡，在有风的日子里，又试了第二次。功夫不负有心人，牛顿看见发光的灯笼在空中飘浮着，第一次高兴得手舞足蹈。

牛顿在动手的过程中学习到了很多，他也越发地喜欢读书了。他能从书中找到指导实践的理论，他喜欢思考书中提出的问题，他还沉迷于各种科学小实验。可是学习的日子总是愉快而短暂的，没过几年好生活的牛顿，因为生活困难，家里无力承担他的学费，母亲不得不让他休学回家，承担起赡养家庭的责任。牛顿伤心地哭泣，但没有换来母亲态度的转变，最后只好听从母亲的劝告开始学习经商。牛顿每天早晨要和一个老仆人跋山涉水到离家十几里的镇上做交易，傍晚再返回家。这样的生活没过几天，牛顿便感到烦闷，他深刻地明白这并不是他喜欢的事业。后来，他把所有的事情交付给了老仆人。他和老仆人一起去镇上做交易的事情变成他和老仆人一起出发，自己却不会去市场，而是留在半路的篱笆后面读书，傍晚和老仆人再一起回家。有一天，牛顿的舅父想知道牛顿是否真的去镇上和别人做交易了，便悄悄跟踪着牛顿和老仆人。走着走着却发现，他的外甥牛顿最后伸着腿躺在草地上，开始聚精会神地钻研一个数学问题。舅父看了许久，却没有打扰牛顿，而是默默地返回了家中。可能是牛顿好学的精神感动了舅父，在舅父的劝说下，母亲终于同意让牛顿复学，并鼓励他上大学读书，完成学业。就这样，牛顿终于再次进入皇家中学学习。

2. 科学天才与生活“蠢材”

从小爱好数学的牛顿，因为落下了课业，只掌握了基础的数学知识。他对自己所掌握的数学知识十分不满足，并暗自下定决心，要成为班级学习数学的佼佼者。尽管牛顿缺少了一段学习数学的过程，可是他没有给自己找学习不好的理由，而是日夜不停地开始钻研，希望在接下来的时间里，尽快赶上其他同学的学习步伐。从此，牛顿没有让支持他上学的舅父失望，更没有让他的母亲失望，他不仅赶上了学习进度，并且顺利毕业。

牛顿再也没有停下学习的脚步，1661 年，牛顿进入英国剑桥大学三一学院读书。在大学期间，牛顿靠着为学员做一些杂务而赚取学费，他一边做兼职工作，一边学习。牛顿没有浪费良好的教学资源，经常与老师讨论问题，秉烛夜读。1664 年，牛顿以优异的成绩获得学校的奖学金。不仅如此，在 1664 年与 1665 年之间，他用实力证明了二项式定理，不得不让人刮目相看。1665 年，牛顿让一束太阳光通过三棱镜，结果阳光被分解成了七种光。这一发现，证明了普通的光是由七色组成的。牛顿还用一个凸透镜把七色光合成了白光，更加证实了他之前的论断。牛顿还进一步测定了不同颜色的光的折射率，从而发现了不同色光的折射角度是按赤、橙、黄、绿、青、蓝、紫的顺序加大，并证明了物质的色彩是由不同颜色的光在不同物体上由不同的折射率造成的。牛顿立即把上述发现用在制造望远镜上，一举制成了不带颜色的折射望远镜，奠定了制造现代大型光学天文望远镜的基础。

一次，牛顿在用自制的望远镜观察天体的过程中，发现无论怎样调整镜片，都无法看得特别清楚。他想，或许实验可以解释他的这个疑惑。于是他通过一步步的实验，终于证实了自己猜想。深入地研究之后，他发现万物吸收它所接受的颜色，却不能够完全反射出来。而能够反射出来的就是我们所能够看到的颜色，这准确解释了颜色的根源。这样的话，之前的所有有关颜色的学说都会被推翻。而当时的牛顿不过是一个大学生，要是他来公开这一重大的革命性发现，无疑会触怒教授。因此，当时的牛顿对这一非凡发现三缄其口。当他成为教授已经是5年之后了，他将这一发现公之于众。22岁（1665）时，牛顿顺利地获得了学士学位，从大学毕业。

毕业之后，伦敦发生了鼠疫。剑桥离伦敦不远，三一学院采取预防措施，通过休学的方式来降低疾病传播的概率。无奈之下，牛顿回到故乡林肯郡乡下继续学习与研究。万有引力、微积分、光的分析等证明的基础工作，都在这段时间有了质的飞跃。

1667年复活节后不久，牛顿返回剑桥大学，10月1日被学校选为三一学院的初级院委。两年之后，26岁的牛顿因为深受伊萨克巴罗教授的赏识并得到了教授的提携。牛顿不仅因为人品，更因为实力晋升为剑桥大学的数学教授。之后，便展开了多项科学研究，这其中就有万有引力定律。

那时候，牛顿发现，乡下孩子们总是用投石器打转发射，然后把石头扔得远远的。有时候，他们甚至可以让整整一桶牛奶旋转，却像表演杂技的演员一样不掉落一滴牛奶。这些现象让他感到深深地疑惑。究竟是怎样的力量让石头和牛奶不掉下来？他首先考虑用开普勒和伽利略的思想来解释。宇宙太空的浩瀚，行星的永恒，月球到我们生活的庞大的地球……究竟奥秘在哪里？难道这中间有引力的存在？他决定，进行一次详细的研究和计算，利用这个原理验证各个行星之间的规律。他首先想求解的是月地距离，然而资料的准确性过低，导致计算结果错误。失败没有打垮牛顿，他继续求证，直到最后确认了万有引力的存在。

牛顿与万有引力模拟图

1666 年，在英格兰一个让人觉得再普通不过的傍晚，牛顿的腋下夹着一本书悠然地走进他母亲的花园里，坐在一棵苹果树下开始专心致志地读他的书。翻动书页的声音沙沙作响，忽然一阵风吹了过来，年轻人头顶的树枝晃动着，一颗苹果砸在了他的头上。

没想到，这个小小的插曲，引发了世界物理学界的一场革命。被苹果砸中的年轻人发现，任何两个物体之间都存在吸引力，而失去支撑之后则必然坠落。7 年的寒来暑往，在这个年轻人 30 多岁的时候，终于全面证明了万有引力定律。

发现万有引力定律并没有让牛顿得意忘形，他甚至没有急于在杂志上发表他的发现，而是继续在科学界孜孜不倦地奋笔疾书，专注于其他计算。后来，作为朋友的天文学家哈雷想要证明行星运动的轨道规律，却无从下手，向牛顿求助。牛顿毫不吝啬地把自己有关万有引力的研究成果给他参考。这时候，哈雷才知道自己苦思冥想而无法求解的问题，牛顿早就解决了。哈雷对牛顿的慷慨和科学成果钦佩不已。

1684 年，哈雷再次登门向牛顿请教。谈及天文时，牛顿把自己的一些实验结果都拿出来给哈雷看，请他给予修改意见。哈雷看后，十分惊讶。他急忙对牛顿说，应该让这样的巨大发现公之于世。可是牛顿却觉得还不够严谨，他又在之后的日子里反复求证，直到 1687

年的7月才将《自然哲学的数学原理》发表。

牛顿一天中的绝大多数时间都在书房中学习，只有少量的时间用来健身。众所周知的是，他因为过于专注，曾把怀表当作鸡蛋放在锅里煮了。而更让人觉得记忆深刻、忍俊不禁的另一件轶事也是关于吃饭。据说有一次牛顿邀请朋友来家里吃午餐，结果因为专注于研究忘记了。他把自己的一份午餐准备好之后，就去书房学习了。客人到来后看到只准备了一个人的午餐，去书房看到牛顿正在聚精会神地做研究！客人不忍心打扰他，自己默默吃了午饭离开了。结果牛顿想起吃饭时，却发现盘子已经空了。他还自言自语道："哦，原来我已经吃过了。"然后又转身回去工作了。

牛顿的科学事业风生水起，但是在爱情中，牛顿似乎有些懵懵懂懂。牛顿遇见的第一个让他难忘的人，是他的表妹。牛顿和表妹是在大学毕业之后相识的，在躲避鼠疫的时光中，他们彼此陪伴，度过了一段非常快乐的时光。牛顿喜欢把自己学习和研究的内容通过即兴演说和表妹分享。表妹虽听不懂，但还是耐心而认真地听。尽管牛顿性格腼腆，并未向表妹表明心迹，但姑娘还是心照不宣地默默等着他。可回到学校后，牛顿立刻开始重新专注于科学研究，把自己的时间安排得满满的，充斥在他脑子里的都是宇宙、世界，他经常衣衫不整就走进大学餐厅，而远方的佳人不过是记忆里的一颗珍珠，早藏到脑海最深处了。表妹认为牛顿对自己冷淡了，两人之间的误会越来越多，她终于还是选择了他人。就这样，他与一次美好的爱情擦肩而过。

另一次爱情中，牛顿本来已经冲动地要向爱人求婚，但却因为又在这个特别的时刻走神，做出了把女孩手指塞进自己烟斗的荒唐事，直到姑娘一声大叫才让他回过神来，最后两人又错过。随后，科学界的问题层出不穷，占据了他所有的时间与精力。牛顿的人生彻底失去了爱情的色彩。

从牛顿的科学成就和恋爱经历中我们可以看出，他是科学的天才，却是生活中的“蠢材”。

3. 平蹚学界与政界的天才

牛顿作为科学家，世人皆知。但是，大家不熟悉的是，这位伟大的科学家的社会活动范围也极其广泛：他曾担任过皇家造币厂厂长，连续 3 届任英国上议院议员。牛顿在学界政界的建树，可以用“不可思议”4 个字来形容。

牛顿在大学期间，有幸认识了著名的哈里法克勋爵，当然，这个人在与牛顿结识的时候只是平凡的查尔斯·蒙塔古。后来，查尔斯·蒙塔古成为英国首屈一指的财政大臣，给予了牛顿很多帮助。1696 年，他推荐牛顿任造币厂督办，当时，英国币制非常混乱，牛顿估计大约有 20% 的硬币是伪造的。他运用冶金学知识为英国铸造了成色十足的货币。1705 年，由于牛顿在改革币制和科学研究方面有了更加突出的贡献，安妮女王为了表彰他，赐予他贵族的称谓。这在当时乃至今天的英国都是极高的荣誉。薪酬丰厚，生活状况逐渐好转，牛顿渐渐习惯了繁忙的科研工作，和教学渐渐脱轨。为了更好地进行科研，他最终毅然决定辞去学校的教学工作。

可是幸运的时光并没有维持多久。1727 年，牛顿生病了，食物疗法和预防方法只能减轻病痛却无法根治。他积极做出改变，出门放弃之前的马车，之前食用的肉食也只用蔬菜和水果代替。他的病情反反复复，却都呈现出曲线恶化的结果。最后他甚至痛苦到无法工作，只好辞去职务，进行静养，身体才逐渐有所好转。身体好些之后，牛顿又开始忙于参加会议，出访接待来宾，奔波于各种工作场合。可是死神却依然没有给牛顿多些生存的日子，在 3 月 20 日凌晨，牛顿 85 岁的人生画上了句点。

牛顿走了，是一个时代的损失。牛顿的遗体最后被安放于威斯敏斯特教堂，隆重的国葬仪式突出了他对这个国家的贡献。就这样，在祈祷声和哀歌声中，人们一起送别了这个时代的巨匠。

1731 年，牛顿的侄子和侄女在教堂最显眼的地方建造了一座纪念碑。碑上用浮雕刻着几个年轻人，他们手上拿着牛顿一生中的几项重要发明：一个握着反射式望远镜，一个拿着三棱镜，最后一个用秤来称量太阳和九大行星。并且为了表示对牛顿所做贡献的敬佩，在塔碑上镶嵌了一枚耀眼的奖章，这是光荣的象征。碑的一面运用特殊工艺把牛顿的头像栩栩如生地雕刻出来，并且写下了对牛顿的高度概括，显示了对牛顿的崇高敬意。

4. 影响人类历史进程的伟人

有人说，有 3 个最著名的“苹果”改变了世界！第一个是《圣经》中亚当和夏娃吃掉的那个苹果（改变了地球）。第二个是砸在牛顿头上的苹果（改变了物理界）。第三个是乔布斯手中被咬了一口的苹果（改变了数码界）。

这是一种“戏说”，但确有一定的道理。牛顿力学的创立，标志着人类科学时代的开始。牛顿力学和数学引发了以英国工业革命为起点的第一次技术革命，使人类社会进入蒸汽时代。牛顿用数学方法精确描述宇宙运行的自然法则，为法国启蒙思想和唯物主义哲学奠定了科学基础。直到今天，牛顿力学仍是现代制造业（包括一切机械、土木建筑、交通运输、道路工程等现代工业制造业）的基础，甚至最尖端的技术，如人造卫星、航天飞机的运动规律也没有超出牛顿力学的范围。

为纪念曾经为世界做出巨大贡献的牛顿，诗人亚历山大·波普（Alexander Pope）为他写下这样一段墓志铭:“自然与自然的定律，都隐藏在黑暗之中;上帝说，‘让牛顿去吧’！于是，一切变为光明。”

20世纪70年代，麦克·哈特为了向昔日给世界带来巨大影响的伟人致敬，更加深刻地描述他们的事业和贡献，经过多年的探讨后，推出了《影响人类历史进程的100名人排行榜》一书，牛顿凭借其特殊的历史贡献位列排行榜第二名,仅次于被誉为“伊斯兰先知”的穆罕默德。在书中，麦克·哈特精辟地说道：“在牛顿诞生后的数百年里，人们的生活方式发生了翻天覆地的变化，而这些变化大都是基于牛顿的理论和发现。在过去500年里，随着现代科学的兴起，大多数人的日常生活发生了革命性的变化。同1500年前的人相比，我们穿着不同，饮食不同，工作不同，更与他们不同的是我们还有大量的闲暇时间。科学发现不仅带来技术上和经济上的革命，它还完全改变了政治、宗教思想、艺术和哲学。”

21世纪的第三个年头，英国广播公司举行了一次全球性的评选活动，要评选历史上最伟大的英国人，英国人不约而同地将票投给了这个影响世界的艾萨克·牛顿。后来在《伟大的英国人》系列纪录片中，英国的历史学家特里斯特拉姆·亨特作为“牛顿专辑”的编辑者，给予牛顿高度的评价。对于全球的公众意识而言,牛顿的世界性无人能及。这次虽然是英国人的评选，但是所有参与投票的人都跨越了整个国界，而牛顿也真正成为这个世界上不可磨灭的辉煌丰碑。

“二战”巨头——丘吉尔

罗斯福的轮椅、斯大林的烟斗和丘吉尔的雪茄是第二次世界大战历史的三大标志。

温斯顿·伦纳德·斯宾塞·丘吉尔（Winston Leonard Spencer Churchill，1874—1965），英国政治家、历史学家、画家、演说家、作家。出生于英格兰牛津郡伍德斯托克的贵族家庭。7 岁的丘吉尔被送入一个贵族子弟学校读书，1888 年，丘吉尔进入仅次于伊顿公学的哈罗公学就读。1895 年 10 月，从军校毕业，被英国情报部门看中，负责收集西班牙军队所使用的枪弹的情报，《每日纪事报》也聘请他为随军记者。1896

年，丘吉尔随部队调往印度服役。1899 年作为随军记者前往南非，在行动中被俘，因独自一人越狱成功而闻名全国。1900 年 10 月，代表英国保守党当选议员。1908 年，被任命为商务大臣，1910 年出任内政大臣，次年转任海军大臣。一战中去职，赴法国前线参加战争。1917 年任军需大臣,1921 年任殖民地事务部大臣，兼任空军大臣。此后多年参加竞选落败。1939 年出任战时内阁海军大臣。1940 年任内阁首相。他是 20 世纪最重要的政治领袖之一，与美国总统罗斯福、苏联最高领导人斯大林并称为第二次世界大战的三巨头。此外，他还是一个曾在南非布尔人的追逐中巧妙逃生的传奇记者；一个获得了诺贝尔文学奖的作家；曾被美国《人物》杂志列为“近百年来世界最有说服力的八大演说家之一”；当过 36 年的大学校长。他还是一个非常幽默风趣的人，习惯向漂亮的女秘书口述历史文稿；喜欢伫立在寒风中演讲，在公共场合总是妙语如珠；最令人印象深刻的就是他的雪茄和不怒自威的眼睛……

这位 20 世纪的风云人物，为世界反法西斯战争的胜利做出了重大贡献，为逐渐失去光芒的大英帝国撑住了一些门面，是英国及世界历史上一道不可磨灭的光。

1. “勇敢地向既定的目标进军”

温斯顿·丘吉尔1874年11月30日出生于英国牛津郡伍德斯托克镇布伦海姆宫的贵族之家，父亲伦道夫勋爵曾任英国财政大臣，母亲珍妮·杰罗姆是美国百万富翁、《纽约时报》股东之一伦纳德·杰罗姆的女儿。丘吉尔对母亲很崇拜，曾说：“我的母亲在我眼中永远像一位神仙公主，一位容光焕发具有无限才能的女性。”他还说，他母亲“当时在纽约、巴黎和伦敦的上流社会里，是最著名的美女之一”。但父母忙于工作与交际，对他疏于关心照顾。年幼的丘吉尔从小便跟着家里的保姆长大，时间一长，他对于保姆的感情也就越来越深。在他波澜壮阔的生命长河中，哪怕是在他登上英国的权力巅峰——任职首相期间，保姆的画像始终伴随着他，这体现了他性

温斯顿·丘吉尔

格中长情的一面。

像英国其他这种家庭的子弟一样，1881 年，7 岁的丘吉尔进入了著名的哈罗公学学习。哈罗公学先后培养了 7 名首相、一批将军、几位世界著名的科学家和大批高官。丘吉尔在这里学习了 5 年，是这所学校最大的骄傲之一。但他在这里留下的记录并不好，今天的人们去哈罗公学参观，还可以在一个教室的墙壁上看到当年丘吉尔偷偷写下的名字。

哈罗公学有一个像一条大河湾一样的巨大游泳池，池上架了两座桥。丘吉尔经常来这里游泳，并喜欢在桥边休息、嬉闹，其中一个恶作剧就是蹑手蹑脚地溜到朋友、看不顺眼的人或看起来好欺负的人的背后，猛然将他推下水。有一次，被他推下水的人是一位健身冠军，他爬上岸，愤怒地抓住丘吉尔，准备把他狠狠地揍一顿，周围迅速围起一堆学生，幸灾乐祸地讥笑鼓噪，高声喊打。丘吉尔见势不妙，连连向那位看来瘦小的运动健将道歉，并灵机一动说："我父亲是一位大人物，他的身材也很小，你以后也会成为一个大人物的。"一场风波就这样在一片笑声中消弭。

丘吉尔不仅时常搞恶作剧，一点也不把学校的那些规定放在心上，成绩也不太好，而且有些口吃，大家都觉得他是个反应迟钝、令人畏惧的家伙。有一次，哈罗公学的校长把丘吉尔喊来训话："丘吉尔，我有很充分的理由对你表示不满。”丘吉尔立即针锋相对地回答说：“而我，先生，也有非常充分的理由对您表示不满。”丘吉尔对校长的不满也是有充分理由的。熟悉他的朋友认为，丘吉尔成绩不好主要是因为他的固执，接近倔强的固执。时常搞恶作剧主要是因为有些人曾经嘲笑他的口吃，丘吉尔有时会给嘲笑他的这些人一些惩罚。此外，他还有一些非常突出的才能。有一次，他背诵麦考利关于古罗马的一本书，背了1200行竟然毫无差错，令老师和同学们惊叹不已。他还能大段大段地背诵莎士比亚作品中的台词，当老师在讲课时引述《奥赛罗》或者《哈姆莱特》有了误差时，他总能发现并加以纠正。在体育方面，他有很棒的剑术、骑术和游泳技能，他的击剑，曾在哈罗公学赢得了银质奖章。

由于哈罗公学校长公开对丘吉尔表示不满，他的父母也常常对他在学校的表现感到头疼。他的父亲觉得他这般顽皮的行径，对于学习法律政治是没有希望了。可是除此之外又有什么好的办法呢？一个偶然的机会，让丘吉尔的父亲做出了决定。因为丘吉尔的父亲看到，他常常跟自己的弟弟玩打仗的游戏，他有1500个锡兵，会千方百计地变化出队形。父亲走过他的房间，看到游戏中的他们，就问丘吉尔：“未来你要成为什么样的人呢？”儿子回答说：“做一名将军！”父亲大吃一惊，仔细考虑后，决定将他转到军校预备班里读书，实现他的理想。

丘吉尔来到桑赫斯特皇家军事学校之后，仿佛换了一个人。因为这里没有那些让他头疼的“无聊”的学术课程，取而代之的是他感兴趣的军事训练课程。当踏上跑马场，他感到从来没有过的快乐。他发誓，要像他的祖先约翰·丘吉尔即第一代马尔巴罗公爵那样，骑着战马，守卫英国的每一寸土地。但让这位未来的将军感到苦恼的是，在军校的他深感英雄无用武之地。他期望着自己可以像日不落帝国的军事统帅罗伯特·克莱武当年那样，戎马一生，手握令牌，指挥千军万马，让温斯顿·丘吉尔的名字，永远镌刻在大英帝国的历史上。

对于自己的校园生活，丘吉尔在回忆录里动情地写道：“在我耄耋之年，回首往事，我要感谢上天赋予我的一切才干和天赋。所有的岁月都是好的，无论起伏与兴衰，危险与坦途，永远都充满了感动与希望。青年们，全世界的青年们，让我们高举战旗，肩负起历史的责任，排除困难，勇敢地向既定的目标进军吧。”

2. 从骑兵中尉到内阁大臣

1895 年 2 月丘吉尔从骑兵学校毕业后，前往第四骠骑兵团服役，成了一名骑兵中尉，从而开始了他的传奇军事生涯。

同年 10 月，年轻热血的丘吉尔中尉在假期和他的朋友去了古巴，在西班牙和古巴当地对人民起义战争进行采访。沾了他父亲的光，英国情报部门选中他作为情报员，负责收集西班牙军队枪弹的秘密情报，他也顺理成章地成了《每日纪事报》的战地记者。穿过轰鸣的炮火，他配上西班牙红十字勋章骄傲地回到英国，享受作为一名记者写作的生活。不久之后，他跟随部队到印度。行军之余,他抓紧时间读了大量的历史、哲学作品。时间就这样不动声色地向前移动，转眼丘吉尔已随部队辗转一年。一年后，在印度这块古老的土地上爆发了反英战争。得知消息的丘吉尔第一时间奔赴前线，巧妙地利用自己的记者身份采访了英军的指挥人员，把自己了解到的一线资料和他独特的看法融在一起，写出了第一部著作《马拉坎德野战军纪实》。1898 年该书在英国出版，之后，丘吉尔又相继出版了小说《萨伏罗拉》和有关英国和苏丹战争的《河上的战争》。

1899 年 11 月 15 日，在南非采访的丘吉尔被布尔人的军队俘虏，与 60 名英国军官一起，被囚禁在比勒陀利亚的一所师范学校，由 40 名南非警察负责看守。根据对敌情的了解，丘吉尔提出，袭击警卫，夺取武器，占领这所师范学校；然后袭击比勒陀利亚的跑马场，释放囚禁在里边的2000名英国士兵，举行武装暴动；争取全歼城内的500名守军，占领南非的这座重要战略要塞。这一计划遭到俘虏中高级军官们的强烈反对，丘吉尔只好约少数要好的同伴越狱。最后，于12月12日，他一个人逃了出来。

当时，英国在英布战争中接连失利，损失惨重，非常需要一些来自战场的好消息鼓舞公众。丘吉尔的成功越狱，使他迅速成为一个重要新闻人物。出逃后数日，丘吉尔下落不明，更使传闻四起，悬念大生。

在一位英国侨民和一位荷兰人的帮助下，丘吉尔终于在12月19日黄昏来到了南非某地的一个英国领事馆。工作人员要求他第二天9点钟上班后再来，年轻的雄狮咆哮起来，领事闻声而出，核实身份后，大喜。当地的英国侨民闻讯后，成群结队地手持武器赶来，防止丘吉尔再次被抓。几天后，丘吉尔回到英国。港口悬挂着许多旗帜，军乐队在码头上鼓乐齐鸣，海军大将、陆军将领及当地市长前来迎接，欢呼的人群挤满码头和沿途街道。此后，丘吉尔前往英国各地进行演讲。1900年12月，丘吉尔被邀请到美国演讲。美国人为他打出了一句响亮的口号："5次战争的英雄，6部书的作者，英国未来的首相。"

这段不同寻常的经历是丘吉尔人生的一个重要转

折点，他决定抓住机会，踏入政坛。

为了笼络人心，走向高位，驳倒对手，丘吉尔练就了一身纵横捭阖的演讲本领。虽然，他的演讲并没有多么伟大的想象力，多么绚丽的词汇，多么严谨的逻辑性，但是却有着出奇的感染力。丘吉尔懂得，演讲就是一个政治家向不了解自己的人宣传自己的主要渠道，所以他下功夫苦练唇舌。丘吉尔必须克服语言上的缺陷，训练随机应变和舌战群儒的技能，才能在演讲中清晰地表达自己的观点，从而被更多的人接受。

在演讲方面，他从父亲那里取得了很多“真经”，并且把父亲的口号发扬光大。他以左派的姿态攻击自己党的领袖，但实际上，他并不是一个严格的“左派”。斯蒂文斯因为丘吉尔的立场，曾公开批评丘吉尔的信仰是反动的，指责他借口为人民谋福利来达到自己的目的。丘吉尔并没有过多地在意人们对他的批评，而是按照自己的想法，到不同的地方宣传自己的政治主张。1900 年 10 月，代表英国保守党参选的丘吉尔终于成功地当上了参议员，开始了他整整 55 年的仕途生涯。

身为保守党成员的他，却屡次质疑保守党政府的多项政策，批评政府在英布战争中的决定，反对政府的扩军计划，甚至在经济问题上也跟政府唱起了反调。他公开表示反对首相尼维尔 · 张伯伦的贸易壁垒政策，坚持维护自由贸易原则，他对保守党的决策提出了自

身穿戎装的温斯顿·丘吉尔

己的意见,并且称自己为“独立保守党人”。1905年1月,他被开除党籍，与保守党分道扬镳。于是，丘吉尔走出了保守党的大门，投向了自由党的怀抱。

1906年，此时的英国迎来了自由党的执政，丘吉尔获得了自由党领袖的青睐，被任命为英国殖民地事务部次官，经过他的努力成功地推动了南非取得了国家自治的独立地位。爱德华七世国王的一个心腹给丘吉尔的信中写道，国王陛下对您寄予厚望，倘若将国家利益置于党的观念之上，您一定是最能干的大臣，是最出色的政治家。

两年以后，呼声最高的阿斯奎斯首相上台执政，丘吉尔再次获得上天的眷顾，得到了一个很好的机会。坎贝尔·班纳曼因病辞职，新首相对政府机构重新洗牌。新首相想要让丘吉尔任海军大臣，丘吉尔经过一番思考之后，并没有答应他。在这个没有海战的年代里，这无疑会使他没有办法发光发热，展现自己的才华。经过衡量，丘吉尔选择了去商务部。这里有广阔的舞台任他施展拳脚，他认为这是一个好的差事。

在政坛小试牛刀后，丘吉尔看到了自己对政治的兴趣，他确定在这里自己会有更广阔的天地。在那段日子里，他突然对拿破仑的事迹产生了浓厚的兴趣。拿破仑传奇的一生让他仿佛看见了自己的未来。他以拿破仑为偶像，时时砥砺自己。一到新的办公室，他就把一尊拿破仑的铜像摆到自己的办公桌上，朝夕相对。尽管后来他换过很多政府部门的工作，但是这尊铜像却一直跟随着他。商务大臣要处理的事情特别多，包括贸易问题、工业问题、运输问题、劳工问题以及专利和版权等问题。这不仅锻炼了他处理事务的能力，而且还使他有可能参与许多有关的领域，尤其是社会问题的管理。他巧妙地利用工作之便，给自己增加政治上的名望。

丘吉尔在担任商务大臣之后，他的内阁之旅也正式拉开了帷幕。在他短短几个月的商务职业生涯中，有力地推动了强制性工人失业和伤残保险。1908 年 9

月 2 日，丘吉尔转任英国海军大臣，开始第一次接触海军的工作事务。1910 年，丘吉尔凭借其出色的工作成就又一次在内阁的任命中担任内政大臣，并且大刀阔斧地进行监狱及其他多项改革。丘吉尔的强硬态度使他很快遭到了别人的指责，英国内阁深知丘吉尔推行改革的意义，但迫于形势以及对丘吉尔的保护，不得不在一年后，让时任海军大臣的麦肯纳与丘吉尔互换了职务，就这样，丘吉尔又一次走上了他三年前熟悉的英国海军大臣的位置。

随后，第一次世界大战爆发，“德国已经对俄国宣战”的电讯一放到他的办公桌上，他立刻拟定了海军总动员令，但是迟迟得不到内阁的批准。丘吉尔命令海军攻占达达尼尔海峡，可是付出了极大代价却没有半点儿进展，这使得英军遭遇了“滑铁卢”，保守党开始猛烈攻击丘吉尔，最终免除了丘吉尔海军大臣的职务，派他出任内阁中地位最低的“不管部”大臣。游离在政治圈之外的丘吉尔决定辞职，去法国前线当了一个营长，军衔是少校。职务虽然大降，但能够在前线亲自参加战争，丘吉尔又兴奋起来，一天 3 次巡视防线，精心安排兵力部署，经常鼓励士兵说：“战争是一种游戏，应当满面笑容地作战。”

1917 年 7 月，丘吉尔回到内阁，担任军需大臣。军需大臣地位较低，不是战时内阁组成成员，丘吉尔戏称之为“执行战时内阁命令的小伙计”。但他很快就找到了其中的乐趣，他在写给首相的一封信中说：“这是一个令人非常愉快的部门，几乎与海军部一样富有意义，其最大的优点在于，既无须与海军将领争执，又不必与德国兵作战；我为能同所有这些聪明的实业家在一起而感到高兴，他们正在竭尽全力帮助我。同能干的人们在一道工作十分高兴。”丘吉尔在军需大臣这个位置上做出了多项对以后战争产生深远影响的相关决定，例如推动坦克、飞机的应用。他狠抓军备，英国迅速扩大了坦克的生产规模，推动了飞机在战争中的应用，使得英国的军事力量很快发展起来。在战争中，丘吉尔逐渐为士兵和其他人所知。

1918 年 11 月，英国举行一战后的首次大选，丘吉尔一跃成为陆军大臣和空军大臣。

1921 年，丘吉尔转任殖民地事务部大臣，兼任空军大臣，开始与爱尔兰新芬党谈判，最终允许爱尔兰成为英帝国内的一个自治领。1922 年 12 月，丘吉尔在议员竞选中失败，同时也失去了殖民地事务大臣的职位，还遭到同党的激烈批评。曾经遭受过一次重大挫折的丘吉尔有了接受打击的经验，他利用其刚刚做完的阑尾切除手术，自我解嘲地说：“一时之间，我发现自己失去了公职，失去了议席，失去了党派归属，甚至还失去了阑尾。”

这次竞选失败后，他虽然继续画画并炫耀画技，但更多的时间和精力则用于他构思已久的巨著《世界危机》的写作。这部著作以第一次世界大战为题材，共五卷，其中的第一、二卷出版于 1923 年，其他各卷于 1931 年后出版。这部著作对有关世界大战的各种问题进行了全面、系统、具体的思考，其中一个极其重要思想就是特别重视国与国之间的联合作战："在一场战争中，使一个盟友参战，它的意义胜过很多次正面战场的大胜利。"

1924 年 11 月，他重返内阁，担任财政大臣，这是内阁中名列第一的大臣，地位仅次于首相，也是丘吉尔父亲当年曾经担任过的职务，丘吉尔由此达到了他二战前事业的巅峰。

3."我们将战斗到底"

1929 年 5 月，丘吉尔再次退出内阁。

1931 年 12 月，失去行政职务的丘吉尔身上又失去了一些东西，但这次不是那可有可无的阑尾，而是一些重要的部件。在一次车祸中，丘吉尔有 15 根骨头被撞断了。

一个人的一生中总有失去什么至关重要的东西的时候，如果打击太大或已经不再年轻，除非出现大的转机，否则难以重新振作。1931 年，丘吉尔已经 57 岁，在那个年代，可以被视为老人了。再加上车祸和持续多年在政治上毫无转机，似乎像他的父亲一样，在担任过财政大臣后，就会永远退出政坛。

丘吉尔在政治上的不得志，主要是当时英国政坛的主流是“主和”，而丘吉尔则是一个对新的世界大战保持高度警惕的“主战派”。对此，他在《世界危机》的第一章开宗明义地写道：“政治家习惯于谈论不列颠帝国的荣耀，并为上帝保佑我们度过如此之多的危难并把我们最终带入安全和繁荣的年代而欢欣鼓舞。他们一点儿也不知道今后还要遭遇最可怕的险情，而伟大的胜利尚待争取。”

有一次，丘吉尔在下院这样批评当时的首相麦克唐纳：“我想起，当我还是孩子的时候，曾经有人想带我观看著名的巴尔奴姆马戏团的演出……节目单中有一个我最爱看的节目，名字叫《没有骨头的恶魔》。可是我的父母认为，观看这样的演出，对孩子的刺激太大了，并且可能败坏道德。我不得不等了 50 年才坐在政府的座位上看到了《没有骨头的恶魔》。”“没有骨头的恶魔”这个评价，对麦克唐纳个人来说，也许过于尖刻。但德、意、日法西斯势力的猖獗，的确是由大批“没有骨头”的人造成的。丘吉尔认为，从来没有一次战争比第二次世界大战更容易加以制止，只是由于英语民族的“不明智、麻痹大意和好心肠而听任恶人重新武装”，才最终导致了战争的爆发。这一思想，被丘吉尔明确地作为《第二次世界大战回忆录》第一卷《风云紧急》的主题，写在该书的扉页上。

针对人们的和平幻想，丘吉尔在议会中慷慨陈词：“我们是富裕的，又是容易被掠夺的，没有一个国家像我们那么易受攻击，也没有一个国家像我国那么善于回敬掠夺者……在我们的宏伟首都，世界最大的攻击目标，就像捆缚着一头肥大而珍贵的母牛来引诱猛兽。我们现在所处的境地，是过去从来没有遇到过的，也是现在其他国家没有遇到的。”“让我们牢记这一点：我们的软弱不仅害了我们自己，也连累欧洲的稳定。”

他告诫人们，希特勒的行为是：“他先用手枪对着你，要你给他一英镑。等到如数照给之后，他又用枪口对着你，要求给两英镑。最后那个独裁者答应先收一英镑十七先令六便士，剩余的部分要你保证随后付清。”“不要认为这件事会从此结束。这不过是算账的第一步。这不过是以后每年还要递给我们的苦杯的第一口，第一次尝尝味道罢了。除非我们振作精神，恢复我们的战斗活力，我们才能像往日一样重新站起来，为保卫自由而战。”

枪炮声终于使英国人听到了丘吉尔的怒吼，想起了他一直在强调的“世界危机”，并且也像他一样憎恨那些"没有骨头的恶魔"。1939年9月，丘吉尔在阔别政坛10年后重返内阁，担任海军大臣。1940年5月，30年前的那个预言成为现实，丘吉尔出任英国首相。

1940年5月13日，丘吉尔首次以首相身份出席下议院会议，发表了著名的讲话："我没有别的，只有热血、辛劳、眼泪和汗水献给大家。你们问：我们的目的是什么？我可以用一个词来答复：胜利！不惜一切代价去争取胜利，无论多么恐怖也要争取胜利，无论道路多么遥远艰难，也要争取胜利，因为没有胜利就无法生存。"

当时的丘吉尔所面对的是大敌当前的严峻境况。德国的军队所向披靡，荷兰与比利时人旗靡辙乱，毫无抵挡之力，甚至力敌千钧的法国陆军也丢盔卸甲，被打得一败涂地。东南边德法边境上耗资巨大、固若金汤的马其诺防线也被攻破。被牢牢牵制在北部的盟军后方随着德军的这一胜利更受威胁，局势异常危急。

5月14日晚，法国总理雷诺给丘吉尔发来电报，声称法国陆军已顶不住德军坦克与轰炸机的联合进攻，请求再派10个以上的空军中队进行增援。丘吉尔认为，在英国的核心部位更深一步暴露在敌人面前之前，应该先等一下。因此英国方面的决定是，准备派出10个空军中队，但要根据战局的实际发展再决定其中6个中队最终是否派出。然而到了隔天的清晨，雷诺在给丘吉尔打来的电话中，并没有提继续要求增援的事，他懊丧地给丘吉尔说，他们被德军打败了，他们在这场战争中输了。丘吉尔惊诧万分，这么快的失败速度让他难以置信，他甚至不敢相信自己的耳朵所听到的。他迟疑之后又问了一次，但是雷诺几次在电话中的回答都是一样的。最后丘吉尔对雷诺说，他会在当天亲自去法国和雷诺见面，细谈这次战事。

5 月 15 日 17 时 30 分，丘吉尔飞抵法国巴黎。他发现政府各部门正在销毁他们的文件卷宗。随后，他面见了法国政府的雷诺、达拉第、博杜安和甘末林等人，看到这些法国领导人个个都是垂头丧气的。于是丘吉尔问，这场战事到底结果有多么惨重，甘末林将法国军队已经没有办法进行任何反击的惨状简单地说给丘吉尔听。听完后，丘吉尔一阵沉默，之后他问起战略后备人员现在身在何处。甘末林摇头叹气说，后备人员已经全军覆没。听到这句话，丘吉尔惊呆了，后来他对这件事曾写道，那天的事是他这辈子最意想不到的事之一。甘末林又一次提出，希望提供空中支援；丘吉尔觉得这是为了给法国军队以恢复勇气和力量的最后机会，于是要求内阁派出歼击机援助法国。他认为如果他们拒绝了法国人的要求而导致战争失败，那么他们对于历史会心怀愧疚。

后来博杜安记述道，丘吉尔在当天晚上做了长篇讲话，他说如果法国被法西斯入侵和打败了，英国仍将继续和法西斯作斗争。法国领导人保罗·雷诺听完讲话后心中产生了强烈的感触，这些讲话也增强了雷诺争取战斗胜利的信心。雷诺觉得丘吉尔是位坚持战斗到底的英雄。

为了出席英法联合最高军事委员会会议，丘吉尔三次乘坐飞机去巴黎。会议商定为了减少不必要的战斗损失，法国军队先暂时从挪威纳尔维克撤退；若是意大利中途参与了战争，就对意大利进行海军空军联合袭击。同时为了不使法国人在心里产生误会，丘吉尔还强调在敦刻尔克的英军和法军一定要臂挽着臂一起撤退。5月26日，英国海军部根据丘吉尔的指示，发出开始执行代号为“发电机计划”的敦刻尔克大撤退的通知。最后，共有近34万名英法官兵从敦刻尔克撤到了英国。

6月4日，丘吉尔在下院通报了敦刻尔克撤退取得的巨大成功。他认为，“敦刻尔克海滩的战斗经过，将彪炳在我们所有的史册中”。但是他又告诫说：“我们必须非常慎重，不要把这次援救说成是胜利。战争不是靠撤退打赢的。”随即，他发表了最为精彩、最震撼人心，也流传最广的著名战斗宣言：“我们将战斗到底，我们将战斗到底，我们将在法国战斗，我们将在海洋上战斗，我们将充满信心在空中战斗！我们将不惜任何代价保卫本土，我们将在海滩上战斗！在敌人登陆地点作战！在田野和街头作战！在山区作战！我们任何时候都不会投降。即使我们这个岛屿或这个岛屿的大部分被敌人占领，并陷于饥饿之中，我们有英国舰队武装和保护的海外帝国也将继续战斗。直到上帝伸出援手来拯救和解放旧世界，建立新世界。”

1940 年 6 月，德军对法国发动总攻，意大利趁火打劫，对法宣战。6 月 22 日，法国投降。

1940 年 7 月，希特勒发出了关于入侵英国的训令（“海狮计划”）。德军对英国发动猛烈的空中打击。为了实施这一计划，德国集中了 3 个空军集团军，共有作战飞机 2669 架和 13 个师，168 艘运输舰、1910 艘驳船、419 艘拖船、1600 艘汽艇。而英国当时只有防空歼击机 700 架，轰炸机 500 架，高炮 200 门。丘吉尔领导英国军民奋起反抗。在其后的战斗中，德国空军共出动飞机 4.6 万多架次，向英国投下了 7 万多吨炸弹，损失飞机 1500 余架。英国空军损失飞机 915 架，被炸死炸伤居民 8.6 万余人，100 多万栋建筑物遭到破坏，许多城市被摧毁。在英国军民的顽强英勇抵抗下，1940 年 9 月 17 日，希特勒无奈地宣布：推迟“海狮计划”。这样，德国法西斯遭到了发动侵略战争以来的首次失败。

其后，英国空军一直是欧洲西线空中主力之一。

英国空军的战略轰炸集中在夜间对德国重要目标进行攻击。他们的攻击对德国本土的打击很大，千机轰炸是当时德国市民的梦魇。

英国海军对纳粹德国进行全面封锁，英国的驱逐舰和巡洋舰的巡航以及遍布世界的殖民地构成了一个严密的封锁网。

英国陆军最大的胜利是在北非战场取得的。1942年1月，英国军队在阿拉曼一带发动反攻，德意军队损失惨重，仓皇西逃，北非战场形式发生了重大转变。1943年4月，北非德意军队投降。1943年9月，意大利王国投降，法西斯轴心国集团开始瓦解。

英国当时还拥有世界上最多的殖民地与自治领，如印度、加拿大、澳大利亚，英国本土对德宣战后，95%以上的殖民地与自治领也随之宣战，从而在全球对法西斯侵略者进行了打击。

4. 建立世界反法西斯大联盟

1941年8月9日，丘吉尔乘“威尔士亲王”号抵达纽芬兰普拉森夏湾的阿金夏美国海军基地，与乘坐“奥古斯塔号”前来的美国总统罗斯福举行了二战中的首次会晤。在这次会晤中，他俩对于法西斯对欧洲各国的入侵战争和因为苏联和德国的战争，而使减轻了

丘吉尔登上《TIME》封面

压力的日本有时间发展军事行动，使得日本的威胁加大等问题进行了磋商。丘吉尔期盼着能和罗斯福一起制订反法西斯战争的具体计划，但是，由于美国国会中的孤立主义势力过于强大，罗斯福在这次会晤中并没有能作出任何具体的承诺。然而，他们还是共同发表了《大西洋宪章》的八点原则声明。这个声明表达了双方希望共同打败法西斯、争取世界和平的原则立场，提出了为此有必要建立一个全球性国际组织的问题。总而言之，这次会面洽谈只是个象征，并没有什么实质性意义，但也向德、意、日法西斯国家显示了英、美两国军政合作的愿望和姿态。

1941 年 12 月 7 日，日本偷袭美国在太平洋的海军基地珍珠港，太平洋战争爆发。丘吉尔觉得这个时候很有必要与罗斯福总统再做一次会面洽谈。

1941年12月22日，丘吉尔冒着被德国潜艇袭击的风险访问美国。针对法西斯国家建立世界性的反法西斯大联盟是这次丘吉尔与罗斯福会面洽谈中最为重要的内容之一。通过这次会晤与大量的电报往来，最终由全球26个国家参与发起的这个世界性反法西斯联盟组织的成立准备工作基本就绪，罗斯福总统提出将“联合国”作为这一世界性组织的正式名称，替代了原先的“协约国”，丘吉尔对于这个提议表示赞同。带着共同拟定《联合国宣言》的希望，罗斯福亲访丘吉尔。美国、英国、苏联和中国分别由罗斯福、丘吉尔、李维诺夫和宋子文为代表，在总统的书房里共同签署了这个庄严的历史性文件。

1942年1月1日，美国、英国、苏联、中国、澳大利亚、比利时、加拿大、哥斯达黎加、古巴、捷克斯洛伐克、多米尼加共和国、萨尔瓦多、希腊、危地马拉、海地、洪都拉斯、印度、卢森堡、荷兰、新西兰、尼加拉瓜、挪威、巴拿马、波兰、南非联邦和南斯拉夫等26个国家的代表在华盛顿发表《联合国家共同宣言》，决心共同打败德、日、意的法西斯侵略，不到侵略国无条件投降，决不和敌国单独议和。《联合国家共同宣言》标志着反法西斯阵线的最终形成。

1942年8月，丘吉尔带着他开辟第二战场的计划奔赴苏联，打算面见斯大林，获得他的支持。丘吉尔知道这将是一次历史性的会面，但他并没有十足的把握能够说服斯大林。他一遍遍地盘算着自己的计划。会谈出奇地顺利，英国与苏联形成了共同反对希特勒德国的纳粹主义同盟体，同时制订了很多反对纳粹德国及它的伙伴国地计划。这是一场为正义而战的战争。会谈的气氛真诚而热烈，正是在这样的一种氛围下，英、苏、美建立了战略伙伴关系，结成了牢不可破的盟友。如丘吉尔所料，这次见面是值得史书大写特写的。此后，丘吉尔和斯大林间密切的关系，一直持续到战争胜利。在战争中，他们互相配合，相互理解，打了很多的漂亮仗，这为整个反法西斯战争的胜利奠定了基础。

1943年11月22—26日，中、美、英三国首脑蒋介石、罗斯福、丘吉尔在埃及首都开罗会晤。由于尚未与苏联协商，中、美、英三国在开罗会议期间达成的协议决定暂不公布。在取得了斯大林的同意后，1943年12月1日，中、美、英三国在重庆、华盛顿、伦敦三地同时发表《开罗宣言》。《开罗宣言》声明，全世界反法西斯同盟国将坚持对日本作战，直到日本法西斯无条件投降。《开罗宣言》还明确规定日本侵占的包括东北三省、台湾、澎湖列岛在内的中国领土必须归还中国。

1943年11月28日至12月1日，苏、美、英三国首脑斯大林、罗斯福、丘吉尔等人在伊朗首都德黑兰举行会议，通过了三国首脑在对德意志第三帝国作战中一致行动和战后合作的宣言。会议决定在欧洲开辟第二战场，代号“霸王计划”，以尽快打败纳粹德国。

1944 年 6 月 6 日，“霸王计划”开始实施。盟军派出大量的轰炸机，对敌军的海岸线目标进行了扫荡，同时海军战舰开始猛轰沿海敌军阵地；从英国四面八方飞来的 3000 多架运输机和滑翔机，向诺曼底海岸后方的纵深重要地区空投了 3 个伞兵师，6000 多艘大小各类战舰、运输船和登陆艇，大量的武器和装备被运送到登陆地点。最后，280 万美、英等同盟国军在法国的诺曼底登陆，开辟了欧洲第二战场。

丘吉尔马上电联斯大林，请求他给予战略性的支持，在敌方中线发动突袭。斯大林同意了他的请求，由于配合默契，他们获得了很大的胜利，为战争的最后胜利取得了先机。8 月，盟军进入巴黎，法国光复。

1945 年 5 月 9 日，纳粹德国正式签署无条件投降书。

1945 年 9 月 2 日，日本政府代表在美国战舰“密苏里”号的甲板上签署无条件投降书。

至此，第二次世界大战结束。

5. 极富人生内涵的一张多层饼

让人难以想象的是，赢得了战争的丘吉尔却输掉了选举。在 1945 年 7 月的英国大选中，丘吉尔所在的保守党只获得了197席，而其反对派工党却赢得393席，得以组阁，工党领袖克莱门特·艾德礼由此而当选为英国首相。

对于这种结果，丘吉尔深感失望，大为迷惘。他只好引用古希腊哲人普鲁塔克的名言自我安慰，“对一个民族的伟大人物忘恩负义，才是真正强大的民族”。针对他人的讽刺，他还说：“我带领英国人民打赢战争，就是为了让英国人民能够继续拥有罢免我的权力。”

其后，丘吉尔偶尔出席议会并做简短发言，批评工党提出的建议，但大部分时间他在西欧进行访问。在意大利北部的科莫湖畔充分休息了一段时间后，他开始撰写关于第二次世界大战的回忆录。这是一部分为6卷、长达数百万字的巨著。大量的官方文件及他与罗斯福等政界要人之间的私人通信、来往电报也借口述的方式整理成文字在这部巨著中展现在众人眼前。英、美两国的杂志竞相争取刊载权，均想得到连载此书的首发权。这部巨著的稿费超出了此前丘吉尔得到的全部稿费之和。此事还因《星期日泰晤士报》引起了轰动，该报发表评论指出：“丘吉尔的稿费比同时期的大多数人多出很多。”1953年12月10日，丘吉尔获得了诺贝尔文学奖。瑞典文学院在授予他诺贝尔文学奖的颁奖词中说：“丘吉尔在政治上和文学上的成就如此之大……此前从未有过一位领袖人物能两样兼备而且如此杰出。”

1951 年 10 月，保守党在英国大选中获胜，丘吉尔再度出任首相。

1955 年 4 月，一直强调“永不放弃”的丘吉尔决定正式退休。对他最后搬出唐宁街 10 号的情景，《泰晤士报》做了如下报道：在离开前，他举行茶会招待全体公务人员。当他由房子走向等候的车子时，他们站在大楼旁唱“他是一个快活的好伙伴”，他吸着雪茄，用他有名的“V”字手势向聚集在唐宁街上祝贺的群众打招呼。温斯顿·丘吉尔先生在祝福的欢呼声和叫喊声中，乘车慢慢地离去。

1964 年 11 月 30 日，他度过了 90 岁生辰。女王赠送了礼物，新任首相、工党领袖威尔逊也前来祝贺。全国和世界各地雪片般飞来 6 万多封贺信、贺电。

1965 年 1 月 24 日，丘吉尔逝世，英国政府宣布为他举行国葬。这一决定是 7 年前麦克米伦首相任内由女王提议作出的。葬礼于 1 月 30 日举行。灵柩先由议院议长和 3 个政党领袖在四周守护，后来又换上国防部和陆、海、空三军 4 位参谋长守灵。前来向丘吉尔表示敬意的人超过 32 万。

丘吉尔拥有极丰富的人生内涵，他的同事兼对手艾德礼曾经很含蓄地表示道：“丘吉尔像极了多层饼，中间的某一层肯定包括了 17 世纪；18 世纪在他看来是明明白白的；相对于19世纪，20世纪是一个厚层。”

曾任盟军最高统帅、后来又成为美国总统的艾森豪威尔这样评价丘吉尔：“作为领袖，他很有威望。英国人面临困难时的勇敢坚定在他身上体现得淋漓尽致。他的信念十分坚定……我钦佩他，也喜爱他……他如果不是那样伟大，我的工作会更加艰巨。因此，尽管我并不很喜欢他的一些重要决定，但对他一以贯之的彬彬有礼和热诚支持，我始终无限感激。他是一位伟大的人物，同时也是一位了不起的军事家。”

时至今日，丘吉尔依然被大多数英国人看作最伟大的首相。在2002年由BBC主办的“最伟大的100名英国人”票选活动中，丘吉尔高居榜首。丘吉尔在世人心目中，已成为英国人民英勇不屈的斗争精神的集中象征。

英国第一位女首相——撒切尔夫人

提到撒切尔夫人，我们的脑海里首先出现的词语便是——“铁娘子”。

玛格丽特·希尔达·撒切尔（Margaret Hilda Thatcher Thatcher，1925—2013），英国第49任首相，英国第一位女首相。出生于英格兰林肯郡格兰瑟姆市（Grantham）一个杂货店主家庭。少年时在女子凯斯蒂文文法学校（Kesteven）学习。1944年获牛津大学萨默维尔学院（Somerville College）录取，主修化学。1946年，她成为牛津大学保守党协会（Oxford University Conservative Association）主席，成为第三位出任这个职位的女性。以二级荣誉毕业后，在英国赛璐珞（British Xylonite）任职研发药剂师。1958 年成为英国下议院议员。1970 年被委任为教育及科学大臣。1975 年成为保守党领袖，1979 年在大选中获胜，成为首相，一直连任到 1990 年，是英国自 19 世纪初利物浦伯爵以来连任时间最长的首相。任期内，对英国的经济、社会与文化面貌做出了既深且广的改变，对外在议会的反对声中发动马岛战争并获胜，与中国经过数轮谈判最终确定《中英联合声明》，为香港回归中国奠定了政治基础。她的政治哲学与政策主张被通称为“撒切尔主义”。

1.“永远争坐第一排”的美少女

1925 年 10 月 13 号，林肯郡格兰瑟姆市北帕拉德路一号街角的一栋三层小楼里传来了一阵婴儿清脆而又响亮的啼哭声，一个注定不平凡的女孩降临到这个世界上。尽管家里生活条件不宽裕，可是这个孩子的到来，还是让全家兴奋不已。家人给她起了个好听的名字：玛格丽特·希尔达·罗伯茨（Margaret Hilda Roberts）。

女儿的降生让爸爸妈妈非常高兴，为了维持本不富裕的家庭生计，父亲只得更加辛苦地工作。多年来，早餐过后，玛格丽特的父亲都会在他那小杂货店里忙碌起来。父亲的辛勤劳动，使得这个温馨的小家有了一定的积蓄，在此基础上甚至拥有了第二间杂货店。但是父亲天生节俭，家里的生活状况还是清贫依旧。有一天，邻居家的小伙伴来到玛格丽特家里玩，看到家里简陋的装修，脸上露出了鄙夷的神情。在玛格丽特的家里没有自来水，生活用水需要到几条街以外的一口水井获取，也没有集中供暖设备，到了寒冷的冬天只得依靠柴火取暖。但这些都不是最主要的，最让玛格丽特尴尬的是家里没有一个独立的洗澡间，全家人必须在一个铁质的澡盆里洗澡。这个铁质的澡盆被放置在一间所谓的洗澡间——一间位于小店后院的潮湿又阴暗的小屋内，可讽刺的是这个小屋还兼做室外厕所。在她的家里没有别人家那样美丽的花园和漂亮的屋子。邻居小孩看到之后，回过头鄙夷地

撒切尔夫人童年

对她说："你原来是个穷孩子！我再也不要和你玩了。"说完，就跑开了。玛格丽特那幼小的自尊心受到了前所未有的伤害，她"哇"的一声，号啕大哭起来。爸爸听到了宝贝女儿的哭声，赶紧上前询问原因。可得到的却是女儿"走开,坏爸爸"的回答。爸爸一脸茫然，站在原地不知所措。经过苦苦追问，女儿终于开口了："我是个穷孩子！"爸爸听后心中五味杂陈，语重心长地对她说："我们并不是贫穷，只是节俭罢了。家庭生活应当勤俭节约。爸爸从第一次工作在商店里当伙计起，就一直信奉着这条原则。那个时候，我一周可以赚 14 先令，其中 12 先令用于食宿。到最后能省下多少钱，才有多少钱可以花。"小玛格丽特似懂非懂地点了点头。

父亲对玛格丽特的教育一直都很严格，要求她无论做什么事情都要力争一流，永远让自己的成就排在别人前面，决不落后于他人。即使是坐公共汽车，也要争取坐在第一排。父亲向来不允许她失望地说"我不能"或"太难了，我做不了"之类的话。父亲的这种看似"残酷"的教育方式却培养了玛格丽特积极向上的学习态度和强大的自信心。在她的学习、生活和工作中，她时时牢记着父亲意味深长的教导，总是抱着一往无前的精神和必胜的信念去面对生活中的种种困难。

玛格丽特家虽然长期清贫，但她在妆容上却从未有丝毫懈怠，总是衣着得体，落落大方。那清澈湛蓝的双眸中总是透露出一股活力，金色的头发加上自信的笑容，让人一见倾心。这样独特的气质伴随了玛格丽特一生，甚至在她 82 岁高龄时还为英国版的《时尚》杂志当了一次模特。这是她第四次为时尚杂志当模特，当时的相关报道说：撒切尔夫人站在一张粉色床垫前，双手叠放在身前，摆出一个防御性的姿势，眼神坚定地凝视着镜头。标志性的品蓝外套、反时尚的胸针和珍珠项链，以及她的头盔发型——被膨胀成庞大的球体，每根头发都被梳理得服服帖帖。就像女王一样，撒切尔夫人的完美亮相始终传递着一种信号：无懈可击、长寿并且永远占据着支配地位。

玛格丽特在自己外貌上的一丝不苟，或多或少地体现出其性格的特立独行。然而，除了光彩照人的外表,更为突出的是她超乎常人的能力。她也曾经迷茫过、平庸过。小时候她在女子凯斯蒂文文法学校（Kesteven）上学时，也如常人一样会因为考试失败而大哭大闹，但难能可贵的是，她却从未丧失对自己的信心。她的学业成绩一向优异，究其原因，仍与儿时父亲的教育有关。在父亲灌输的强大信念的引领下，1943 年，她如愿考上了自己心仪的大学——牛津大学，在牛津大学萨默维尔学院攻读自然科学，主攻化学，先后获得牛津大学理学学士（1949 年）和文学硕士学位（1950 年）。

在牛津大学，玛格丽特表现出了很大的政治热情。她在 18 岁时曾骄傲地说："政治已融进了我的血液。"进入大学不久，她就选择参加了这里的保守党协会并且成为协会的主席，这是牛津大学保守党协会第三位女性主席。玛格丽特回忆这段生活时说："我经常要在一个晚上赶到五六个集会上去发表演讲。现在再回头翻翻当时当地的报纸对我演讲的报道，绝大部分内容我现在仍然是赞同的。比如德国一定要实行非军事化，并且要接受审判。英国必须与美国合作，也要和苏联合作（有点不那么现实）。大不列颠帝国，这个全世界有史以来多个国家最重要的一个联合体，永远不能被分割解体（这或许也不是很现实——但是在大战胜利之后，像我这种对不列颠帝国的前途的看法并不鲜见）。我号召人们支持保守党的主要论据是，如果选择保守党，我们就能让温斯顿・丘吉尔继续负责英国的外交政策。事实上，如果丘吉尔能坚持任职到 1945 年 7 月波茨坦会议之后，战后的世界格局可能至少会有所不同。"

在参加协会工作的同时，玛格丽特对课程的学习并没有落下，学校要求所有学生必须上 5 年的拉丁文课程，但她凭借自己顽强的毅力和拼搏精神，得以在一年内学完了全部课程。玛格丽特不但在学业上能够做到出类拔萃，她在音乐、演讲及学校其他方面的活动中也都一直走在所有人的前列，是同届学生中的佼佼者。

因为保守党协会主席的身份，使她在大学时便“公务缠身”，可即便如此，玛格丽特依然在学习和工作中寻找平衡。为了给自己所处的协会筹集参加政治活动的经费，她还参加了多份工作，将所得收入毫不吝啬地捐给协会。她在 1947 年至 1951 年间曾先后在英国赛璐珞任研发药剂师，在 J 里昂公司研究防止雪糕融化的技术。她在当年曾参与研发现代软雪糕，是研究队的成员之一。这段经历虽未给她带来直接收益，却也磨炼了她的意志，开阔了她的眼界，更为难能可贵的是，她在这期间利用自己的业余时间攻读了法律专业，这为日后的工作打下了坚实的基础。大学毕业之后，她还有一段在塑料制造公司工作的经历，可现实的不如意并没有让她放弃自己的伟大追求。她经常利用周末乘车到伦敦或别的地方去参加保守党召开的会议、辩论以及群众大会等活动。1948 年在保守党的年会上，她作为牛津毕业生保守党协会代表出席了这次大会。本来已经被安排在大会发言,后来又因故取消了。

2. 政坛初露尖尖角

1948 年秋，24 岁的玛格丽特在肯特郡达特福德市保守党协会主席约翰·米勒的鼓励和推荐下，报名参加肯特郡达特福市的竞选。通过一番竞争后，她于次年2月正式成为肯特郡达特福市保守党议员的候选人，从而获得了她梦寐以求的从政机会。

在得到这样的机会后，玛格丽特不停地到各地区游说，并在游说的过程中，结识了各区很多的活动人士。玛格丽特在一些集会上，借着难得的锻炼口才的机会，大胆发表了自己的言论。她抨击工党的国有化

撒切尔夫人登中国长城

政策，宣传保守党全力捍卫保守主义的精神。玛格丽特主张和维护私有化制度的政策,希望恢复英国“传统”和“秩序”。在不断的集会演讲中，玛格丽特不仅锻炼了自己的口才，还使很多人对她有了一个初步的印象。许多人通过她的演讲，了解了她的政治主张，记住了这个口齿伶俐、大胆的女士。她为了反驳对手，成为一位优秀的议员，积累了大量的社会数据以及各种各样的信息，凭借无法反驳的语言屡次令对手无言以对。她马不停蹄地在全国各地为自己竞选保守党领袖而进行演讲,经常早上七点起床,忙到凌晨两三点才能休息。

虽然玛格丽特在不断地努力，但是在两轮的竞选中还是败下阵来。有个选民为了安慰她，送给她一枚矿石胸针，希望她能够继续前行，并表达了选民继续支持她的态度。毕竟这时的玛格丽特还很年轻，要想在风云变幻的政治斗争中取得胜利并非易事。虽然这次选举让她遭遇了当头一棒，可她并未放弃，而是用她清醒的头脑分析了自己的不足，更加努力学习。她认为，在这几年的经历中，她的法律知识十分匮乏，所以，她决心在之后的日子里，研习法律知识，从而充实自己，为接下来的政坛生涯创造一个有利的条件。

在 1950 年和 1951 年的选举中，撒切尔夫人出选一向为工党所占多数席位的达特福德选区，成为当时最年轻的保守党女性候选人。而她在肯特郡保守党的活跃参与，使她结识了丹尼斯·撒切尔，两人后来堕入爱河，于1951年结婚。丹尼斯是一位十分富有的商人，因而他有足够的能力可以资助她报考律师公会，而她也在1953年成功取得律师资格。丹尼斯十分支持妻子的工作，并用他丰厚的收入支持妻子步入政坛。

岁月终究不会辜负努力的人，幸运之神在撒切尔夫人34岁的时候又一次降临。1959年，她在新迁居的芬奇莱选区以压倒性的优势，当选为该选区的议员。在当选议员的5天后，撒切尔夫人迎来了自己的生日，在这个具有非凡意义的生日，她热泪盈眶，激动地与家人分享自己的喜悦。

从此以后，撒切尔夫人正式开启了自己的政治生涯，她在接近英国政治权力中心的道路上迈出了第一步。在成为议员之后，撒切尔夫人进入了下议院。根据传统，原来的秘书都会向新来的成员介绍下议院的基本情况，但是，令这位秘书十分惊讶的是，新来的议员撒切尔夫人居然对下议院的基本情况十分熟悉，甚至对一些职位和政见方面都了如指掌，似乎是已经在这里工作了多年的老员工。除此之外，撒切尔夫人真正被下议院的议员们记住的是她的处女演说——“关于公共团体允许记者参加会议”的议案。在这个演讲中，撒切尔夫人一气呵成，进行了整整27分钟的脱稿演讲。在整个过程中，她言辞犀利、有理有据、条理清晰，在座的其他议员都为撒切尔夫人所折服。不出所料，这个议案顺利通过了，并且撒切尔夫人在第一次的精彩演讲中，赚足了口碑。

杰出的个人能力与犀利的行事作风让撒切尔夫人在下议院只工作了短短两年便被首相麦克米伦任命为年金部政务次官。第二年春天，撒切尔夫人就年金问题发表了自己的看法，首次对工党职责行动议案进行了答辩，辩词事实详细明确、分析十分透彻，使得在场的所有人都不禁为之感叹。在听撒切尔夫人的答辩过程中，全场鸦雀无声，这也间接证明了撒切尔夫人精妙绝伦的口才。

纵观撒切尔夫人的从政之路，仅用短短十余年，便呈步步攀升不可阻挡之势。1959 年撒切尔夫人在伦敦北部的芬奇莱服务，并成为保守党议会成员。1964 年到 1970 年，担任了保守党影子内阁年金事务、财政能源、交通运输、住房、土地和教育等方面的发言人。在撒切尔夫人出任影子内阁环境事务大臣时，她提议取消了人头税，此举不仅减轻了国家负担，还增加了保守党在英国国内的支持度。她同意基思·约瑟夫从男爵（Sir Keith Joseph，Bt）所说的，指责上届政府因为不合理的政策失去了对国内经济发展的把握。基思·约瑟夫从男爵不断挑战统治者的政治地位，可是不久他因为不当的言行使自己失去了竞争的机会。结果，与他政见相同的撒切尔夫人决定参与党魁竞选，而且出乎意料地在选举中获胜。1970 年撒切尔夫人还被首相任命为教育局局长。上任之后,她为了减轻政府的负担，不仅提高了学生的伙食费，还取消了免费牛奶的政策，这使很多人对她感到不满。受到这项政策的影响，她当时成为全英国最不受欢迎的女人。1975 年，她被选举为保守党领袖。在任职期间她勇敢地批评西方对苏联的缓和政策，是持批评意见为数不多的政治家之一。这一个个响亮的头衔和各个领域工作的履历都成为撒切尔夫人政治生涯的宝贵财富，也正是由于这些经历使她日后成为大英帝国的首相变得顺理成章。

3. 对英国进行“巨大扭转”

在 1975 年 2 月的党内选举中，撒切尔夫人正式成为保守党的党魁。1979 年 5 月 3 日，保守党在大选中大获全胜，撒切尔夫人出任首相。至此，她也创造了英国第一位女性首相的历史。

二战后，英国经济发展缓慢。1951—1970 年，英国 GDP 的年均增长率仅为 3.2%，明显低于西德的 6.3% 和法国的 5.2%。

后来，形势更加严峻。国企效率低下，大面积亏损。在撒切尔夫人上台前，仅 1978 年到 1979 年，政府对煤矿、铁路和钢铁行业的财政补贴就高达18亿英镑。社会福利支出过于庞大，福利支出在政府支出中所占比例在1970年达到59.93%，1976年增加到63.25%。高福利导致高税收，撒切尔夫人进行税制改革前，英国个人所得税的基本税率为33%，最高税率为83%；公司税税率为52%，企业投资意愿低，个人工作的积极性下降，失去了进取与自立精神。英国的财政状况日益恶化，财政收入占财政支出的比重由1951—1970年的平均每年97.07%降到1971—1976年的83.5%。1979年，英国公共债务占GDP的比重达55.2%，远高于同期西德的29.7%和法国的20.8%。金融市场股债双杀，股市在1972—1974年间大跌65%，在整个70年代，股市几乎没有涨幅。整个国民经济在70年代陷入长达10年的滞涨。1971—1980年，英国GDP的年均增长率仅为2.1%，而西德为2.9%，法国为3.7%。

上述这些现象，被称为“英国病”。

撒切尔夫人执政后，便对国内的经济政策进行了大范围的改革。她主要采取4项措施：一是私有化，二是控制货币，三是削减福利开支，四是打击工会力量。撒切尔夫人执政方式的改变，使当时国企私有化成为国家新政的重点。英国政府于1979年出售英国石油公司（垄断国企）约19%的股份，拉开撒切尔时代私有化的序幕，并将很多公有财产以极低的价格卖给私人。撒切尔在她的第一届执政期间广泛实行私有化政策，私有化政策中多以解除管制、鼓励私人参与竞争的新形式来促进经济进步。例如，打破石油、邮电通信等领域的垄断，取消物价管制委员会，废除了180多项限制经济活动的规定，废除实施了40年之久的外汇管制条例，允许英镑汇率自由浮动，放松金融业管制，恢复伦敦在全球金融业的竞争力。大规模减税，个税税率从33%降至25%，公司税率从52%降至35%，小企业公司税率降至29%，大幅简化税收程序。政府甚至决定将高速公路建设和地方汽车运输行业等工程建设也交给私营企业，全力实现行业内部的自由竞争策略。

1983年，撒切尔夫人在换届选举中又一次成功地以压倒性优势获胜，这与她在1982年领导的马岛战争的胜利以及惩治反对派的功绩密不可分。她通过过人的胆识和运筹帷幄的大将风度获得了马岛战争的胜利，使英国赢得了世界的尊重，同时也让“撒切尔主义”作为一种极其诱人的政治风格而为世界所接受。这次战争也让英国国内的社会秩序发生了翻天覆地的变化。

在撒切尔夫人第二任期期间，彼时国内的工党内部发生分裂，给了撒切尔夫人实行私有化政策的好机会。在此期间政府部门放开手脚，大肆出卖国有股票以求得发展，英国电讯公司、宇航公司、天然气公司、钢铁公司、自来水公司等垄断巨头的股票，都可以被群众自由购买，甚至连皇家军械公司也出卖了自己部分的股票。同时，撒切尔政府马不停蹄地将“社会公共服务”这项新政策推向市场，鼓励更多的私人企业参与社会服务。那些原本由政府财政负担的公园维护、垃圾清扫等都可以由私人提供服务，甚至连极其官方和秘密的少管所和监狱都可以由企业独立建造，政府只负责监督。

撒切尔夫人的改革效果显著：经济摆脱滞涨，增长率从 1982 年的 –2.2% 一路上升至 1988 年的 5.9%，通胀从 1980 年的 18% 迅速回落至 1986 年的 3.4%；英国股市 FT30 指数从 1981 年 10 月的不到 500 点一路飙升到 1986 年 4 月接近 1400 点，最终使经济成功转型。新兴产业和现代服务业崛起，失业率也从 1984 年起进入长期下降通道，逐渐下降到 6% 左右。

另一方面，由于撒切尔夫人对英国经济社会进行的“巨大扭转”，也就是将大量的国企私有化并且削减从教育到儿童牛奶在内的福利开支，反对乃至痛恨她的人也很多。除了苏联国防部的机关报《红星》给她取的带有抨击性的绰号“铁娘子”外，英国媒体也给她取了各种各样的绰号，而且全都不是好词。比如“蒂纳”“大母象”“阿提拉母鸡”和“杂货店主的女儿”。“杂货店主”，其实是指撒切尔夫人的父亲，但由于当时普遍认为撒切尔夫人和前首相希思是盟友，而希思被媒体戏称为“杂货店主”。

还有一些人不喜欢介入这种争论，他们津津乐道的，是撒切尔夫人最喜欢的一款手提包。都说女人的手提包是自己的“百宝箱”，撒切尔夫人的手提包里，除了日常用品外，还有不止一个政治家需要的公文和笔记本，不过更加令人意想不到的是这个包里还有一只手电筒和一包解毒剂。这只手电筒对普通人来讲很是平常，但对撒切尔夫人来说，却是救她性命于危难的至宝。爱尔兰共和军曾在她休息的酒店里放置了炸药，正是这小小的手电筒让她在爆炸后的一片漆黑中找到了方向。

除此之外，这个小小的手提包还有着许许多多神奇的用途，甚至在日常的会议中也可以派上用场。撒切尔夫人会毫不客气地用它来打击与她政见不和的人，所有与会人员看到她的手提包都会有些害怕。撒切尔夫人在开会时总是喜欢把手提包放在会议桌中央，以方便随时从这个被人们称为“魔包”的小东西里取出一些论据来打击那些言辞激烈的议员们。

撒切尔夫人的第二个任期结束了。1987 年大选，撒切尔夫人在议会办公室赢得了前所未有的第三个任期。但是随之而来的却是对她领导力的极大挑战，其中包括各种争议性的政策，人头税、党内分裂等都使她焦头烂额。

在1988年的年会上，撒切尔夫人宣布“私有化无禁区”政策，这再一次震惊了国人。1990年，撒切尔夫人在地方推行的新税制带来的不利影响让她失去了很多支持，而她又错误地将这些群众不满意的问题当作经济问题去处理，更使她失去了社会各界乃至各企业经济上的核心支持，以至于当时在保守党内，因欧洲统合问题出现了日益严重的分歧，这使她和她的党派在议会上的支持显得更加脆弱。1990年11月，她辞去了首相一职，并将这一位置交给约翰·梅杰。随后，撒切尔夫人被皇室册封为终身贵族。

4. 邓公面前自叹弗如

在撒切尔夫人执政期间一个不容忽视的问题是与中国的关系。撒切尔夫人1984年在北京代表英国和中国政府签订了《中英关于香港问题的联合声明》，这也为她的四次访华之旅画上了句号。在撒切尔夫人灿烂的一生中，签署《中英关于香港问题的联合声明》无疑是最浓墨重彩的一笔。撒切尔夫人两次访华的目的均与香港问题有关。她与中国当时的领导人邓小平就香港问题多次正面交锋，直至今日依然能成为中国人茶余饭后的谈资。

1982 年 4 月，英国前首相爱德华·希思访华与邓小平顺利达成了谈判的意愿。马岛战争一结束，撒切尔夫人便立即在首相府召开了关于香港问题的专题会议。会前,她已然知晓了中国领导人与英方的谈话内容。但是，她拒绝接受将香港归还中国的提议，倔强地维护着英国的气势。

9 月 24 日上午，撒切尔夫人先到人民大会堂新疆厅与邓颖超交谈了片刻，随后告辞，并前往福建厅与邓小平举行正式会谈。会谈一开始，她就直接打出自己有绝对自信的第一张牌——“主权牌”。她自信满满地说：“中英有关香港的三个条约，明明白白地都写在纸上，这是一个铁打的事实。既然这些规定仍然存在，那么就必须按规定执行。如果中国在未来的某一天收回了香港，就一定会破坏香港的繁荣，导致人民生活的落后。”英方强调香港的主权，这对英国自己来说也是极难处理的问题，若没有与中方达成“管理和控制”的协议，便难以说服英国议会通过投票将香港归还。邓小平立即问道，“控制”是什么意思？英方称香港需要有与内地不同的政策才能有利于发展。邓小平再次打断说，“控制”是否代表一个国家管治一个地方？会间邓小平提出的一系列问题使英方代表哑口无言。邓小平明确告知撒切尔夫人主权问题毋须再讨论，中国必须在 1997 年收回香港主权，如果未能成功收回主权，便无法对中国甚至是世界人民交代，如果不能收回香港就意味着中国政府是晚清政府，中国领导人是李鸿章。撒切尔夫人听完这些话有些不悦，说英国有权在 1997 年后继续管理香港事务。邓小平回应说："非常抱歉，中国也必须收回香港主权。"邓小平斩钉截铁地说："香港自古便是中国的领土，这一点是没有任何争议的！"邓小平在会谈中表示出了中方的决心："我们对香港问题的态度是十分明确的，关于我们的商谈主要围绕三个方面。一个是主权问题；再一个问题，是 1997 年后中国采取什么方式来管理香港，以继续保持香港的繁荣；第三个问题是中国和英国两国政府要妥善商谈如何使香港从现在到 1997 年的 15 年中不出现大的波动。"

邓小平说："我们双方最好同意通过外交途径开始进行香港问题的磋商。而商谈的全部前提是中国在 1997 年必须收回香港，在这个基础上才可以磋商解决今后香港经济的发展问题。"邓小平的谈话颇具震慑力，撒切尔夫人表示愿意认真考虑这个提议。在这一次的博弈中，"铁娘子"撒切尔夫人遇到了邓小平，遇到的是更强的对手。在香港回归中国的问题上，英国人准备好的如意算盘却被邓小平见招拆招，一一驳回。撒切尔夫人在与中国中央领导人会面时表明当年的条约依据国际法仍然具有法律效力，须经英国国会通过法律处理，才可以进行更改。然而中方态度坚定地告诉撒切尔夫人，中国照样可让香港继续保持繁荣稳定。中国收回香港也同样会视主权优先于（香港）繁荣稳定。由于第一次会谈没有最终结论，双方同意翌日继续商谈。

撒切尔夫人在会谈结束后被记者拍到“落寞地从门口走出，脸色凝重”。她自人民大会堂北门台阶走下，在抬眼望见右下方蜂拥而至的记者时却突然绽开笑脸，努力地使自己表现出镇定的样子，与随行人员点头示意。然而，一不小心她的高跟鞋在石阶上绊了一下，身体突然失去了平衡，摔在石阶上，手里的东西也甩到了一边。幸好她已经快走到平路上了，才没有摔伤。一旁的随员立即上前将她扶起。但是撒切尔夫人不愧为“铁娘子”，她起身后就像没事人一样面不改色，确实显露出她多年来处变不惊的“女强人”本色。“铁娘子”在人民大会堂前摔的这一跤虽有偶然，但与她在会谈结束时心情不佳也有一定关系。

港澳办原主任鲁平亦曾谈到，邓小平在 1982 年与撒切尔夫人会谈时便指出，若英方始终不放弃领导权，根据会谈的记录，表示若万一在回归时有人制造或者发生了混乱，则中方将会以绝对强硬的方式收回主权。有一句邓小平所讲的话没有在会谈记录中出现，邓小平当时讲了一句重话：“如果香港在回归时出现了严重的混乱，中国会考虑派军队进驻香港。”邓小平在维护主权上的强硬立场把她“震慑”到了。撒切尔夫人也表示当时一直在苦思，为何身材矮小的邓小平在会谈时会这样强硬，能够震慑到她。

在这之后撒切尔夫人基金会公开的解密文件指出，撒切尔夫人在走下人民大会堂台阶时不慎跌倒的事情，被香港人兴奋地视为英国统治的倒下。而她自己也需要走一条艰难的路。撒切尔夫人原本打算与邓小平进行两次会谈，来解决香港问题，然而两次会谈在火药味中结束后，却都没有最终结果，最后双方均同意通过外交渠道继续商谈如何解决香港问题。

1984 年 12 月 19 日，邓小平和撒切尔夫人出席了在人民大会堂举行的《中英联合声明》签字仪式。英方承诺将香港的主权在 1997 年 7 月 1 日归还中国，成为“香港特别行政区”。根据条文规定，中方将在香港推行“一国两制”，享

撒切尔夫人

有高度自治，并保证香港由回归至2047年“50年不变”。仪式结束后，撒切尔夫人率领英国代表团离开。

5.“塑造了今日的英国”

2001年1月，撒切尔夫人与丈夫赴马得拉群岛度假，庆祝他们结婚50周年。在这喜庆的日子里，撒切尔夫人却出现了轻度中风的症状。2002年3月，撒切尔夫人在医生的建议下退出了她多少年来引以为傲的社交圈。她的办公室向外部发表声明说，撒切尔夫人自此将不再接受任何公开演讲的邀请，将要专心养病。

不久，令人伤心的事却再一次降临到撒切尔夫人的头上。2003年6月26日，她的丈夫丹尼斯去世，相亲相爱超过50年的夫妻就此阴阳两隔。丧夫之痛占据了撒切尔夫人全部的生活。或许她还可以忍受身体日复一日地苍老，但精神上的折磨是她无论怎么努力都跨不过的一道坎儿。她在英国开辟了一个属于她的时代，将整个国家都烙上了属于她的印记，但晚年生活却是出人意料地凄凉，就连能够说话的朋友都屈指可数。

为了改变这种状态，2005年10月13日，当时已经80岁的撒切尔夫人在伦敦海德公园附近的文华东方酒店举办宴会，靠自己一贯的铁娘子作风终于挽回了点面子。宴会上，很多政要和各界名人有650多人前来捧场，英国皇室及当时议会的高层人员都来参加了这场宴会。当然，最值得她骄傲的是女王伊丽莎白女王二世的到来，因为伊丽莎白二世继位后只在1996年参加过为前首相爱德华·希思举行的80岁寿宴，如今能来到现场也算是给足了撒切尔夫人的面子。

2005年12月7日，撒切尔夫人因身体不适被送到了伦敦的切尔西及西敏医院治疗，之后很快出院。但不久之后，她又因感到晕眩而被随行人员再次送到医院。

2006年9月，她以美国副总统迪克·切尼宾客的身份出席华盛顿的“9·11”恐怖袭击5周年悼念活动，这是2004年之后她第一次到访美国。

2007年2月21日，人们在下议院大堂举行了揭幕仪式，将为撒切尔夫人特造的雕塑公布于世，这尊由雕塑家安东尼·杜福特制成的雕塑高2.24米。撒切尔夫人是第一位在生前能够得到这样殊荣的首相。她还在仪式中做了简短的发言。

2013年4月8日，撒切尔夫人逝世，享年87岁。是时，英国政府各部门都降半旗以表示对撒切尔夫人的哀悼。英国议会上、下两院特意为她取消很久以来遵守的复活节休会期，于9日为筹备撒切尔夫人的葬礼举行一次特别会议。英国首相府发表声明，撒切尔夫人的葬礼将在伦敦圣保罗大教堂举行，与此前英国女王的母亲以及戴安娜王妃的葬礼是一样的规格。2013 年 4 月 17 日，“大本钟”的钟声在葬礼期间也被调成了静音。“大本钟”自 19 世纪建成以来，以“静音”形式向英雄致敬，第一次是 1965 年为英国前首相丘吉尔办理丧事，为了撒切尔夫人则是第二次默哀。

撒切尔夫人去世后，人们纷纷对她作出评价。

英国媒体的一篇评论说：“布莱尔的新工党和撒切尔的遗产——好的方面和坏的方面，塑造了今日的英国。”

时任英国首相卡梅伦说：“对于我们的国家，这是一个真正悲伤的日子，我们失去了一位伟大的领导人，一位伟大的首相，一位伟大的英国人。她不只是领导了我们的国家，她挽救了我们的国家。我认为，人们将会认为她是英国有史以来最伟大的首相，她的遗产将是她为这个国家提供了杰出的服务，展现了巨大的勇气。人们将在数十年和数个世纪后知道她的事情。”

时任美国总统奥巴马说：“撒切尔是自由的捍卫者、全球女性的典范。美国人记得她在冷战期间与里根总统‘肩并肩’，她证明了领导人可以不被历史裹挟，但可以用道德信念、不屈的勇气以及钢铁意志来塑造历史。”

德国总理默克尔说：“英国前首相撒切尔是那个时代世界政坛的杰出领导人之一，她很早就认识到自由的力量，并为之而战斗。她在克服欧洲分裂和结束冷战方面的作用不会被人们遗忘。”

美国前国务卿基辛格说：“她是一位伟大的首相，她是一位伟大的女性，她非常地有主见，我们这些认识她数十年的人知道，她是一位非常热情的人，这不是她经常展示的公众形象。撒切尔对于英国的伟大成就就是在福克兰危机中取得成功。对于美国来说，她是一位坚定的盟友，致力于大西洋联盟，她是一位可以依赖的、坚定不移的盟友。”

美国前第一夫人南希·里根表示：“罗尼（里根）和玛格丽特曾是政治上的灵魂伴侣，并且都愿为自由而献身。她是我和罗尼很亲近并且值得信赖的朋友，我会十分想念她。对美国而言，玛格丽特是一位意气风发且英勇无畏的同伴，全世界都应该感激她。”

浪漫的法国人的评论则有些令人哭笑不得：“这位唯一的女首相有着暴君的眼睛和梦露的嘴唇。”撒切尔夫人的新闻秘书英格拉姆爵士的话也许能为法国评论者的话做出些听起来比较合理的解释，她说：“撒切尔夫人一直是个有吸引力的女人。若是她愿意，她也可以表现得像电影明星一样，但她却不仅有着电影明星那般的魅力。”

纵观撒切尔夫人的一生，她制服了工会，并且成功地促进了英国经济的迅速发展，使僵死的经济得以恢复。撒切尔夫人对于英国人民而言最大的贡献是，在她执政期间最大限度地保证了英国经济的增长。英国的通货膨胀在 11 年的时间内下降了超过 20%。在她的第二任期内，英国经济一步步地实现稳定增长。在她第三任期内，英国政府近半个世纪以来积累下来的财政赤字终于成功地转为盈余，民众的生活有了较大的改善。但是她当年所推行的部分政策的弊病，也成为英国至今都无法摆脱的困扰。

斯人已逝，撒切尔夫人的一生终究画上了一个句号。不论对谁来说，即便她有着暴君的强硬，即便她以自己的强硬让更多人受到了无辜的牵连，但当我们合上这个人的记事簿，仍然能够回荡在所有人脑海中的更多的是撒切尔夫人身为“铁娘子”的非凡领袖气质和最强大的领导气质。而她的事迹也将一直被世人传颂，她的影响也将持续存在。时至今日，人们对她的评价仍是褒贬不一，撒切尔夫人在 2002 年“最伟大的 100 名英国人”评选中排第 16 名，是所有在世的人物中排名最靠前的一位，但是她在 2003 年“最坏的 100 名英国人”评选中却又排在第 3 位，可以算是“名列前茅”了。但无论如何，是非功过都只能交给后人去评说了。

平民王妃与慈善天使——戴安娜

每年夏天，白金汉宫的大门都会向公众敞开两个月之久。2017 年 7 月 22 日至 10 月 1 日期间，英国王室除了开放部分空间供游人参观之外，还破例在国事厅内举办了戴安娜王妃的私物展，用以悼念 20 年前在车祸中罹难的“英国最美的女人”。此次展览与英国王室礼物展同期展出，因此，游客还可以在亚洲展区看到中国赠送给英国女王的以郑和下西洋的宝船为原型打造的“友谊之船”。

戴安娜·弗兰茜斯·斯宾塞（Diana Frances Spencer，1961—1997），英国王储、威尔士亲王查尔斯的第一任妻子，亦是威廉王子和哈里王子的亲生母亲，因此也被大众称为戴安娜王妃（Princess Diana），简称戴妃。出生于英国诺福克的贵族家庭。先祖为英国伯爵，父亲是子爵，1981 年 7 月 29 日与威尔士亲王查尔斯结婚。在成为王妃之前，她像普通少女一样，生活在平凡而温馨的环境中。长大后做过保姆、幼儿教师等工作，这些平凡的经历，使她看到了人间疾苦和人生百态，也让她后来致力于慈善事业。她资助筹建了 20 多个慈善基金会，出访过北非、印度、安哥拉、巴基斯坦等许多贫困地区，被联合国授予人道主义奖。她支持的禁雷（地雷）法案，在她生前就已有 60 余个国家、上千个团体加入。到 21 世纪初，全世界超过 135 个国家签署禁雷条约。她的公益善举，颠覆并且拯救了英国王室高高在上的冰冷形象，被英国首相布莱尔盛赞为“人民的王妃”。然而，她却于 1996 年 8 月与查尔斯王子解除婚姻，1997 年 8 月 31 日因车祸死于法国巴黎。

1. 豪门中的“灰姑娘”

戴安娜王妃被英国人民称为“灰姑娘”，是因为像《格林童话》中的“灰姑娘”一样嫁给了王子，也因为她与灰姑娘的家庭背景有些相似。然而，她成为王妃前并没有像《格林童话》中嫁给王子之前的“灰姑娘”

那样不幸，只是生活上有些缺陷。

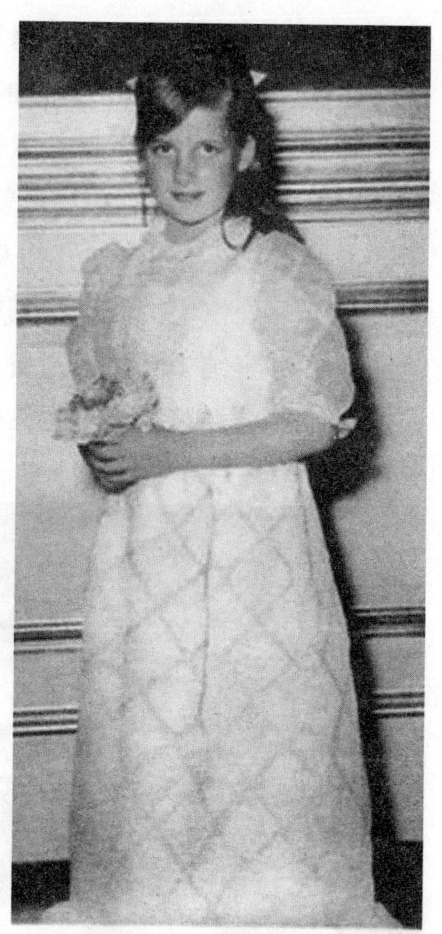
戴安娜王妃童年时期

戴安娜的家族斯宾塞家族是一个豪门贵族。早在15世纪，斯宾塞家族就已经是欧洲极其富有的羊毛商了，她的祖先在查理一世时就取得了伯爵的封号，目前由戴安娜的弟弟继承的爵位，已经是这个家族的第九任伯爵。戴安娜的祖母曾是已故王太后和伊丽莎白女王的宫廷侍女，还是“爱美人不爱江山”的爱德华八世的心上人。祖父老斯宾塞伯爵的教父是英王爱德华七世，父亲奥尔索普子爵受其父母的影响年轻时做过英王乔治六世和当今伊丽莎白女王的宫廷侍从。戴安娜母亲的家族与王室同样关系密切，外祖母费莫伊夫人是著名的音乐家，也做过已故王太后的侍寝女侍，而外祖父莫里斯·费莫伊男爵曾是下院保守党议员，也是乔治六世的射击和网球伙伴。

斯宾塞家族有一个奥尔索普庄园。这个庄园坐落在北安普敦郡西北部，距离伦敦约70英里，建于1508年，占地13000英亩，共有约90间房子，其中约有30间卧室及几处恢宏的餐厅，其中一处仿照白金汉宫舞池而建，可容纳100多人用餐。1997年9月6日，戴安娜王妃的灵柩被运至奥尔索普庄园，安葬在欧沃尔湖中央的小岛上。戴安娜的弟弟查尔斯·斯宾塞伯爵在洁白的大理石碑上留下这样一句话："感谢你来到这世上，作为你的弟弟我十分骄傲。戴安娜，独特非凡的你无可取代，你由内及外散发出的美丽永远都不会被忘记。"

戴安娜王妃青少年时期

戴安娜的出生地是通常被称为

公园屋的帕克庄园，这个庄园位于诺福克郡桑德林汉小镇附近，是英王乔治六世赐予戴安娜外祖父的。这个庄园掩映在树林之中，青松、白桦、紫杉点缀其间，还有开阔的原野。家庭住宅有10间卧室，宽敞的停车库，还有室外游泳池、网球场和板球场等。庄园内，小牛在吃草，兔子和狐狸窜来窜去，6英里开外的诺福克海岸的气息徐徐吹来。包括厨子、管家、私人家庭女教师在内的六个全职仆从，服侍戴安娜一家。

戴安娜出生于1961年7月1日傍晚，她的名字戴安娜·弗兰茜斯，戴安娜是斯宾塞家族一位祖先的名字，而弗朗茜斯则是她母亲的名字。

奥尔索普庄园和公园屋都是戴安娜的家，但她不太喜欢奥尔索普庄园，总觉得去那里是受罪。每当戴安娜同自己的兄弟姐妹到祖父居住的那座奥尔索普大屋的时候，幼小的戴安娜丝毫不会感到对于祖父的依恋，反而有一种难以言喻的压抑。因为在那个地方，偌大的房屋里有着太多令人毛骨悚然的阴暗角落，昏暗的烛火下，幽深的走廊透过墙上挂着的仙逝已久的祖先画像传递出来的阴森气息让她感到一种心灵上的束缚。对于戴安娜来说，墙上那些祖先傲慢冰冷的目光总是让她感觉好像这些人无所不在地紧跟在她的身后。对于她来说，这个地方充满了噩梦，一种对于家族的敬畏。戴安娜的弟弟查尔斯也说：“那里像一个老钟表店，嘀答嘀答的声音重复过去的脚步。对于一个敏感的孩子来说，那里令人压抑，我们不愿意去那里。”

相比之下，公园屋则是戴安娜不折不扣、舒适温馨的家。在戴安娜童年的记忆中，她依稀记着自己家的那所公园屋在树木掩映中的舒适温馨，在阳光的照耀下，宽敞的房屋、嬉戏的乐园以及众多仆从的贴心照顾使戴安娜感觉到了这个家族的强盛。也正是这样的家庭，造就了她善良的性格，让她成了所有人眼中最善良的小孩子。

如此显赫的家族地位和优越的生活条件，少儿时代的戴安娜却有难言的苦衷。

戴安娜儿时，她的父亲还是子爵，在英国这个保留着贵族传统的国度，她的父亲自然希望能有一个儿子来继承他的爵位，但是上天仿佛和这个家庭开了一个天大的玩笑。戴安娜的母亲接连生下的几个孩子都是女儿，而戴安娜作为第三个孩子，她的出生让她的父母有些沮丧，这对渴望儿子的夫妇甚至连一个女孩子的名字都没有准备，直到她出生一周后才给她取了名字。

在那个时代，胎胎都是女孩儿会归罪于女方，戴安娜高傲要强的母亲因此被送到伦敦的医院检查身体，对于年仅 25 岁的子爵夫人来说，这是极大的侮辱。3 年后斯宾塞家的继承人、戴安娜的弟弟查尔斯降生了，但由于之前的一系列事情使得奥尔索普子爵夫妇长期不合，终年来自家族的压力使他们的婚姻危机重重，与丈夫的不合也使她的母亲变得日益烦躁和沉闷，这也为最终的离婚埋下了伏笔。在戴安娜6岁时，子爵夫妇离婚了。即使是戴安娜弟弟的降生也未能挽救这段婚姻。

父母离异后，父亲很快再婚。从此，戴安娜多了一位继母。尽管这位继母并没有让她像童话世界里的“灰姑娘”辛德瑞拉一样备受虐待，但两人的关系一直平平。但相比于辛德瑞拉，戴安娜似乎又是幸运的。父亲和继母会给戴安娜姐弟买来大量的贵重礼品，争取能够使孩子们感受到他们的爱。然而他们并不知道，孩子们渴望的实际上是父母的陪伴。在4个孩子中，戴安娜是受到伤害最大的那个。她的2个姐姐珍妮和莎拉在寄宿学校上学，有了自己另外的生活圈。只有3岁的弟弟还不懂事。偌大的庄园里，只有她一个人真切地感受到了母亲离开家庭后所带来的孤独感。在缺少母亲陪伴的日子里，戴安娜开始饲养自己的小宠物，如豚鼠、兔子、仓鼠，还有猫等，戴安娜成年后乐善好施的品质大概就是从那时培养起来的。有时候，她养的宠物中会有一些不幸去世，每当遇到这样的事情，小戴安娜的内心都会十分难过，像失去亲人般伤心，并郑重其事地为它们举行葬礼，然后道别。

奥尔索普子爵娶了一个戴安娜不爱的夫人，戴安娜感到非常苦恼。但是她并没有对生活失去信心，总是把自己打扮得漂漂亮亮，一天到晚地忙碌着。这种积极乐观的心态也渗透到她日常生活的方方面面，就连她的毛绒玩具也有自己的家，她成了毛绒玩具的妈妈，用婴儿车推着娃娃在家里逛来逛去，还为她的娃娃整理床被；有时她在过道上蹬着小小的三轮车，无忧无虑。虽然年龄不大，但是作为姐姐她也非常疼爱自己的小弟弟，帮弟弟查尔斯穿衣裳戴帽子。周末是他们姐弟俩最开心的时刻，因为他们可以与伦敦的母亲好好见上一面。一路上有仆人陪同，乘火车从诺福克出发到利物浦街车站，母亲就在车站迎接他们。

尽管如此，他们和母亲也只能短暂相聚。他们与母亲道别后，留给姐弟俩的只有无尽的思念和骨肉分离的痛苦。在那时离婚可算得上是件稀罕事，上学后戴安娜和弟弟是学校里唯一一对父母离婚的学生。这使他们与其他同学显得格格不入。在一次美术课上老师让小朋友们画下自己最想要的东西，整个教室鸦雀无声，同学们都在一丝不苟地挥动着手中的画笔，尽情地发挥自己的想象，可戴安娜却突然哭了起来，打破了这安静的气氛。同学们很惊讶，发现在她面前摆着一张张家庭成员画，每一张都写着“献给妈咪和爹地”。父母的离异和父亲再娶使她从小就缺乏安全感，也许在她年幼的心灵里曾经期许过自己未来的爱情能够圆满，不会像父母的婚姻一样满是遗憾。

戴安娜王妃

尽管戴安娜从小就失去了妈妈的陪伴，可她在家依然能够轻松自在地生活。但在她9岁那年，她迎来了人生的转折点，而这也直接导致了她的性格真正发生了改变。戴安娜被父亲送到了另一所寄宿学校，本就缺失母爱，父亲的这一举动让柔弱的戴安娜顿时觉得自己被抛弃。尽管她对学校里的大小活动都很热心，在宿舍也是有说有笑的，平日里爱帮助其他同学使她很受欢迎，可是她一到课堂上就显得异常安静。在她的内心深处，她总是与别人保持着一段距离，她不愿意把自己展现在大家面前。她的家庭让她对于生活自卑，她是多么期望自己还能回到过去的日子，回到那个父母都在身边的庄园，过着曾经最幸福的日子。而也正是因为这样，小时候孤独的生活也预示了她会走向与众不同的方向。

时间转眼来到了 1969 年，单身的母亲也再婚了。继父彼得·尚德·基德的家族从事墙纸生意。初次见面时他西装革履，英俊潇洒，笑容满面，孩子们都很喜欢他。这个帅气亲切的继父也让小戴安娜对他产生了良好的第一印象。时不时地彼得会陪着孩子们到处游玩。有一次，他带领孩子们航海，他给查尔斯起了一个“将军”的绰号，戴安娜则被戏称为“公爵夫人”，这个绰号在很长时间内都被戴安娜的朋友们使用着。此时他们住在普通的住宅里，虽然没有亲生父亲的庄园华贵，却有着普通家庭特有的温馨。这段经历对戴安娜之后性格的形成起到了关键作用。她没有成为一个娇生惯养的浮华女生，而是成长为一个踏实善良的可爱女孩。

对戴安娜的性格产生巨大影响的还有她的祖母斯宾塞伯爵夫人。这位老妇人作为知名钢琴家向来从容优雅，戴安娜后来回忆时谈道：“斯宾塞伯爵夫人和蔼可亲，仁慈善良非同寻常，是个很好的人。”伯爵夫人经常看望那些弱小的需要帮助的人们，给予他们精神与物质上的安慰和力量，在当地备受爱戴。戴安娜或多或少从祖母那里继承了她的体贴、仁慈与爱心。戴安娜受到了这位老妇人给予的很多关怀和疼爱，因此在祖母不幸死于脑瘤时，戴安娜一度悲痛得无法自已。在圣詹姆士宫的皇家教堂里，她与王太后和玛格丽特公主一起参加了祖母的葬礼。在她的心中永远有一个位置，只属于祖母，谁也无法替代。

2. 举世瞩目的世纪婚礼

童话里的辛德瑞拉与王子相识于舞会上，而戴安娜与查尔斯王子彼此能够回忆起的真正意义上的初次会面同样也是在一场舞会上。在奥尔索普属地近林区的一片耕地中央，戴安娜被人介绍给了查尔斯王子。当时戴安娜上身穿着格子衬衣，下身着灯芯绒裤，足登惠灵顿长靴，还披着姐姐的皮褛，打扮得十分洒脱。不过对于这次见面，戴安娜始终觉得自己微不足道，真正与王子相配的应该是姐姐莎拉才对。

莎拉成绩优异，曾作为校队一员参加赛马和游泳比赛。在学校戏剧演出中，莎拉凡事都想拔尖，争强好胜的性格也让她无论是在学校还是走向社会后都十分引人注目，非常风光。正因如此，满怀少女心的戴安娜对姐姐莎拉有着敬畏之情，而精明敏捷的莎拉不仅被她视为心中的“王后”，也的确被大家称作“社交王后”。

戴安娜相比之下就有些逊色了，在学业成绩方面，她绝对称得上是斯宾塞家族中孩子里面的异类了。她的英国文学、语言、历史、地理、艺术5科门门不合格，补考也没有通过。她对自己有些失望，感觉自己什么都做不好，觉得自己只是个走在别人身后的人。其实，戴安娜并非一无所长，她学习成绩虽然差了些，但她是一个连续4年荣获学校游泳和跳水比赛冠军的全能运动员。此外，她还担任了少女篮球队队长，而且是网球强手，在体育方面的天赋优于常人。

为了迎接即将到来的王子，斯宾塞家举办了盛大的舞会。满室的绅士淑女，衣襟露香，酒杯摇晃，尚未褪去婴儿肥的戴安娜，不施粉黛，言谈也是稚气未脱的样子。就是这样一个平凡的16岁少女在查尔斯王子眼中，却是如此活泼可爱招人喜欢。在两人的会面中，查尔斯王子深知戴安娜家中艺术品陈列廊里有一些欧洲极好的私人艺术藏品，他便想请戴安娜带他参观，可在一旁的莎拉却表示应由她做向导，戴安娜立即识趣地走开了。

1977年夏，姐姐莎拉与查尔斯于一次皇家雅士阁赛马社交活动上正式确立恋爱关系，长达9个月的亲密交往后，舆论一度认为莎拉将成为英国未来的王后。但是，莎拉喜欢抛头露面，缺少王室成员女友需要具备的低调谨慎，所以，在接下来的交往过程中，莎拉与王子的关系也因此冷淡疏远了。不过，1978 年 11 月查尔斯王子在白金汉宫举办 30 岁生日晚会时，她仍被邀请出席，席间发现小妹妹戴安娜居然也在被邀之列，“辛德瑞拉”由幕后走到了台前，这让姐姐莎拉大吃一惊。

有出类拔萃的姐姐与查尔斯王子交往在前，谁能想到偏是这样一个相对较为平凡的妹妹能够嫁入王室呢？查尔斯王子被戴安娜的善良吸引。每个星期，戴安娜都去达特福特的一家很大的精神病医院慰问病人，相比其他人面对病人时的恐惧心理，戴安娜反而很擅长做这项工作，她与许多病人都可以顺畅地交流。她待人亲近的样子，让人感到十分舒服。查尔斯王子被戴安娜和病人聊天的样子迷住了：这位充满同情心的女孩子，散发着与众不同的气息。

从此以后，戴安娜和查尔斯王子开始了更多的往来。在美丽的湖畔，他们开始了属于自己的亲密约会，话题也从单纯的天气、时尚聊到了人生、理想，越来越多的话题，增进了他们之间的感情。刚开始恋爱的日子总是过得非常快，他们拥抱着美丽的风景，也拥抱对方，甚至忘情地亲吻，戴安娜感觉惬意而自豪。后来有一天，在瑞士滑雪的查尔斯来电话说，等他回去有很重要的事情要问她，戴安娜似乎从查尔斯王子的语气中感觉到了什么，她预感到期盼已久的时刻终于快要到来了。那夜，戴安娜十分激动，她和女友们一直聊到深夜。1981年2月6日，刚度假回来的查尔斯约戴安娜在温莎堡见面。天色近晚，暮色笼罩着这对有情人，王子深情地对戴安娜说：一日不见，如隔三秋，分离短短的几日竟让他辗转反侧，夜不能寐。随后便深情款款地向她求婚，戴安娜在美丽的灯光下，欣然应允。

两天后，戴安娜随母亲、继父去澳大利亚度假，并一起享受了几天闲静的生活，如同隐士一般不问世俗，安闲自得。1981年2月23日，正式宣布订婚的头天晚上，戴安娜收拾好行装，告别了知心的女友，告别了自己的考勒赫恩60号（1979年时，戴安娜收到的成年礼，考勒赫恩60号是一个三居室公寓）。

一位荷枪实弹的苏格兰警长看着未满20岁的戴安娜如孩童般的脸庞，在准备护送她进王宫时，忍不住说："不必慌着走，趁你还未进王宫之前，好好地再享受一下自由吧。你要知道，这是你生活中可以自由自在的最后一夜。"戴安娜听到这句话，顿时感到一阵莫名的伤感。其实，一入王宫深似海，有时候，她必须按照既定规矩做事，而不能无所顾忌地从个人意愿出发。这一切，来得如此惊喜，却又如此突兀。

32岁的英国王储查尔斯终于迎娶了20岁的"灰姑娘"戴安娜，仿佛只有童话里才能遇到的事情，在那

查尔斯与戴安娜婚礼

一刻变为现实。这是300多年来第一位英国王储和英国贵族小姐结婚。婚礼当天，应邀来伦敦观礼的外国皇室人员、政府代表、外交使节多达2500人，其中包括60个国家的总统、总统夫人。

1981年7月29日上午9时，在伦敦城内，所有教堂的钟声齐鸣。护送着王室婚礼的车队以及驶向教堂的英国皇家骑兵仪仗队都非常显眼，极其热闹，大英帝国王室的幸福也感染了沿途上百万民众，他们中的大多数人为此已提前在外露营了许多天。他们在路旁欢呼不已，手中拿着芬芳的鲜花，举着戴安娜和查尔斯的照片，口里高喊着美好的祝福语，一派喜庆景象，不亚于过圣诞节。英国广播电视公司用33种语言向世界转播了婚礼的盛况，世界上 70 多个国家的 7.5 亿电视观众观看了这一场景，用坎特伯雷大主教的话说："神话由此产生了。"

3 个月后，查尔斯王子发表结婚感言，他说："我和我的妻子仍然陶醉在婚礼的喜悦气氛中，它是那么令人感动，我印象中有许多那天的场面。我们的婚礼对我们而言，是意义最特别的，它使我们夫妻俩都对身为英国人感到骄傲。"

3. "人民的王妃"

婚礼过后，查尔斯带着整套钓鱼工具和半打哲学书，与戴安娜登上"布里塔尼亚"号皇家游艇开始了为期 3 周的地中海蜜月之旅。豪华的阵容让人欣羡，可在蜜月过程中，戴安娜并不像想象中的受人待见，从接下来的一系列王室生活中她明白了一个道理：婚姻不是一方一味地迁就另一方，若想两人在家庭中地位相同，就必须找到自己的角色。

没多久，戴安娜王妃怀孕了。这是一个值得让英国人民举国欢庆的喜讯，这个喜讯也如长了翅膀一样传遍了英国，传遍了世界。可是，查尔斯并没有比以往更疼爱她，这让孕期的戴安娜备感绝望和无助。1982 年 6 月 21 日，他们的长子威廉王子出生了。新生的威廉王子像天使一般拉近了戴安娜和查尔斯的距离。但是，这种良好的关系并没有维持太久，即便两年后他们的另一个儿子哈里王子的降生依然于事无补。

人们事后回顾，认为戴安娜与查尔斯的结合注定会是一场失败的婚姻。他俩几乎没有任何共通之处：查尔斯是剑桥大学毕业生，对他而言，没有什么比安安静静坐下来，读一本充满睿智的心理学或历史学书籍更享受的事；戴安娜却是个连补考都不及格的高中辍学生。查尔斯特别热衷骑马，夏天打马球，冬天狩猎，每星期至少 3~4 次的娱乐运动，从不间断；戴安娜虽然曾获多项体能运动的冠军，但在她幼时在桑君汉公园骑马摔断胳膊之后，她从此便不好此类活动。查尔斯爱听歌剧，戴安娜迷恋芭蕾；查尔斯痛恨的流行音乐偏偏是戴安娜的嗜好；戴安娜擅长网球，而查尔斯却从来不玩。查尔斯爱静，他可以拿着一小盒水彩颜料和速写本子，画上几小时，一动不动；或者坐在河岸边垂钓，稳若泰山，专等鱼儿上钩。相反，戴安娜好动，她愿意与人接触，与人交谈，特别是与家人和朋友打电话。……随着时间的流逝，这些潜在的情趣和性格上的不合，给戴安娜和查尔斯带来了无法弥补的隔阂和无尽的痛苦，并由此导致婚姻危机。

当婚姻开始走向没落的时候，戴安娜找到了另外一种途径来完成对自己的救赎。

她在社会中找到了体现自身价值的所在。有人这样写道："记得很早很早以前，我还在念大学。我们有一位阅读老师，男性，是戴安娜的铁粉。当年他假公济私用上艺术欣赏课的时间为我们播放了一部有关戴安娜的纪录片——他的私人珍藏品。片中的戴妃春风得意，跟随王子四处出访，无一例外地获得各地民众的爱戴和崇拜。她衣着华贵，热衷时尚，每一套衣服的问世都是全球时髦女性们效仿的对象，是当年风头无二的时尚 icon。"

她享受社交，对来来往往的各国政要、达官贵人，她总能左右逢源，应付自如。她多才多艺，弹琴跳舞，每一次的才艺展示总能获得更多的崇拜和喜爱。她就像一颗熠熠生辉的明珠，在任何时候任何场合出现，总是当之无愧地成为万众瞩目的焦点。片中的戴安娜，年轻，活力四射，容光焕发，兴奋得小脸发红，尽情享受着万千宠爱，享受最华美的生命乐章。

她希望通过自身力量来帮助贫困儿童、伤病儿童，以及正在死亡边缘挣扎的患者。她从不摆出王室贵族的架子，开始一心从事社会公益活动，以平易近人的姿态，显示了她自身的魅力和影响力。戴安娜将她拍卖的 79 件服装所得的 350 万英镑，全部捐给了慈善事业。她探望流浪者收容所，看望癌症患者，给孩子以安慰，把慈爱倾注到孩子身上。她的品行深深地感动着每一个人，雪中送炭比锦上添花更有意义。

她用亲吻与拥抱安慰孤独脆弱的人们，她用实际行动尽可能多地帮助他人。她选择去帮助贫苦大众，尤其是帮助那些饱受歧视的人。艾滋病是一种让人听起来害怕的疾病，很多人不了解真实情况，都不愿意碰触艾滋患者。即使有些人知道与艾滋病患者之间的正常接触是不会被感染的，也会因为心理障碍对艾滋病患者保持一定的距离。戴安娜从自身做起，她拥抱了艾滋病儿童。她说，她一直想拥抱那些躺在医院病床上的人。当她坐在孩子们的床边，握着孩子的手时，孩子被戴安娜的举动温暖到了，激动地流出了眼泪。这时戴安娜紧紧拥抱了这个小男孩，小孩子终于忍不住自己激动的情绪，放声哭了起来。

戴安娜出访过很多地方，她曾多次出访北非，访问慈善医院、学校及其他慈善机构，参与筹款活动等。她所出访之处人们的生活水平都能部分得到改善。安哥拉、澳大利亚、波斯尼亚、埃及、印度、巴基斯坦和欧洲的许多国家都是她曾出访的海外地方。在不同的地方，戴安娜王妃就多个议题发表自己的看法，并利用自己的知名度来为慈善组织做宣传和筹款。我们着实应该去尊敬、去仰望这位真正的人道主义者。

在许多人的眼中，戴安娜就是一位拯救世人的天使。她不辞辛苦地游走在世界各地，她对她的选择向来无怨无悔，哪怕是累到筋疲力尽也在所不惜。独特的魅力是戴安娜王妃特有的，无论是外表，还是个人风采、气质，都显得那么与众不同。然而，接近民众的形象、积极从事公益活动的举止才是真正使她得到广大平民爱戴的重要原因。她把施爱于人看作是责任和义务，并尽心去做。

除了对贫困地区以及疾病多发区的人道主义关怀外，戴安娜王妃还是6个军团的荣誉团长。在其任职期间，提倡禁雷是戴安娜王妃生前参与的最后一项事业。全球反地雷运动可当之无愧地被称为是她对公益最杰出的贡献。她曾多次亲赴安哥拉、波黑等战乱地区，并踏进地雷区，不畏危险地进行视察，探视了当地因触雷而导致伤残的平民，在了解到实际情况后，戴安娜立即筹集资金和物资，尽量解决迫在眉睫的食物和水源问题。“国际反地雷运动”的蓬勃发展离不开她的鼎力支持。作为非官方的组织，很荣幸地先后有60余个国家、上千个团体加入。到21世纪初，全世界已有超过135个国家签署禁雷条约。

在英国国内，戴安娜也非常平易近人。在她所赞助的伦敦市芭蕾舞团，她和许多舞蹈演员相互称姓名，关系融洽。剧团中的一位主要演员玛丽安·圣·克莱尔回忆起戴安娜王妃第一次来看预演时的情景：“当时我们正在肯沃特花园的排练室里跳舞，排练室在4层楼上，在上最后一级台阶时，王妃不小心绊了一下，在门口跌倒了。当时我们都很紧张，没想到王妃却不在意地笑起来，大家也跟着大笑，气氛一下子轻松了。”艺术导演哈罗德·金说：“有她在场，气氛很和谐。”“她只是进来，坐在一旁看上一课，当演员们休息的时候，她会和她们一起坐到地板上聊天。她非常和蔼、善良，对演员们谈论的各种问题都感兴趣。一些新演员与王妃初次相识往往有些紧张，而王妃却能在不经意中使他们感到自由自在，毫不拘束。”

格雷厄姆·迪恩是伦敦广播电台专门播放经典摇滚乐的播音员。有一次，当他正在播音室主持午间节目的时候，隔壁控制室的电话铃响了。一个工程师拿起话筒听了一会儿，将话筒递给迪恩，傻笑着说：“嘿！迪恩，是威尔士王妃的电话！”迪恩以为一定是有人在恶作剧，当他拿起听筒后，只听对方说道：“你好！迪恩，我是威尔士王妃，祝你生日快乐！”迪恩想这肯定是楼下工作室那个叫妮克的女孩，所以他就回答说：“别跟我逗了！我知道你是谁，快上楼来吧！妮克，我知道是你，你可真会开玩笑。”这时，主持《协助伦敦儿童》节目的卡米拉·邓恩冲到播音室——邓恩是王妃的老朋友，她“嘘”了一下说：“这可真是王妃！”迪恩感到非常尴尬，努力使自己那么紧张，并说：“非常抱歉，可我真的以为是有人在跟我开玩笑。”戴安娜只是说："没关系，还是祝你生日快乐吧！"

阿德里安·沃德·杰克逊是英国艺术、芭蕾、歌剧界的名人，魅力超凡，精明强干。不幸的是，他是一个艾滋病患者。1991 年 4 月，阿德里安病情恶化，被隔离在自己的公寓里。戴安娜得知后，经常探望他，有一次甚至带着儿子威廉和哈里同往。戴安娜带着孩子看望患病的朋友一事表明，她有自己独到的教育子女的方法。她坚持让孩子了解人生的每个方面，了解生存和死亡。在阿德里安病重期间，戴安娜如果不能去看望他，就一定会打电话询问他的病情。戴安娜度假离开前，阿德里安告诉她："为了再见到你，我将活下去。"1991 年 8 月 19 日，阿德里安病危，他的朋友安杰拉急忙给戴安娜打电话。戴安娜接到电话后，急忙赶到机场，但是，最后一趟去伦敦的航班已经起飞。戴安娜又试图租用一架私人飞机，但没有成功。于是她当机立断，与她的卫士一起，连夜从巴莫拉尔宫出发，驱车行驶 600 英里，到达伦敦时已是凌晨 4 点。戴安娜坐在阿德里安身旁，拉着他的手，抚摸着他的额头，一连几小时，坚持守护在病人身旁。这是戴安娜第一次没有屈从王室的压力，没有要求女王批准，擅自离开巴莫拉尔宫去护理朋友。这次对阿德里安的护理前后长达 5 个月，戴安娜因此有了很大改变。后来她在给安杰拉的一封短信里写道："我内心已达到自己从前难以想象的境界。我的生活之舟改变了航线，正在朝更积极、更稳妥的方向航行。”

戴安娜的亲民表现和公益善举，颠覆并拯救了英国王室高高在上的冰冷形象，因而被英国首相布莱尔盛赞为“人民的王妃”。

戴安娜的名气越来越大，但她和查尔斯王子乃至英国女王的关系却变得越来越紧张。1992 年 12 月 9 日，查尔斯王储和戴安娜王妃正式分居。1996 年 8 月 28 日，戴安娜和查尔斯王子离婚，但戴安娜获准保留“威尔士王妃”头衔。

4. 陨落的天使

1995 年 12 月 5 日，英国首相梅杰拜会伊丽莎白女王，就戴安娜王妃将来出任的角色一事进行讨论。因为戴安娜王妃在与查尔斯的婚姻彻底破裂后，想为人道主义尽力，便向梅杰提出想做英国的巡回大使。首相有意成人之美，但其他官员却有不同意见，认为戴安娜不能胜任，理由是戴安娜王妃从未接受过任何外交礼仪方面的训练。

然而多年来，戴安娜在外交领域的才华是显而易见的，个人魅力的不断提升，得到了民众的拥护。就在此前的一个月，戴安娜王妃对 1982 年曾经与英国因马尔维纳斯群岛归属问题发生战争的阿根廷进行了一次慈善访问，并在访问后赢得了不少赞誉，这也为她争取得到“大使”的角色增加了砝码。民意测验显示，英国国民大都赞成戴安娜王妃出任大使，而反对派则认为仅靠微笑和抚摸孩子的脑袋远远不够，还需要多年的经验。最终，白金汉宫的决定是此类神圣使命应该由王储接手。即使没能赢得外交使权，但戴安娜逐渐在王室的生活圈中找到了自己的位置，她转变了原来一度努力适应王室的作风，积极主动地开展了王室活动。这场反客为主的转变，也昭示着戴安娜由羞涩女孩到成熟女性的转变。

1997 年 8 月 30 日晚上，戴安娜在法国巴黎阿尔玛桥隧道中，因“帕帕拉奇”的狗仔追逐事件中遭遇车祸。所乘奔驰房车失控，越过行车线撞向灯柱和石墙。次日凌晨 4 时，戴安娜因胸部大出血在医院逝世，年仅 36 岁。当晚，她的遗体在查尔斯王子和她两个姐姐的护送下由飞机运送回英国。

9 月 5 日，葬礼的前一天，英国女王伊丽莎白二世在戴安娜逝世后第一次正式向全国发表演讲，称赞戴安娜是一位杰出的富有才能的女性：

自从上周日不幸的消息传来，整个大不列颠，乃至全世界都无比沉痛地表达了对王妃之死的悲哀之情。

我们用不同的方式表达哀思，而对这种损失的感觉是不容易表达的，因为最初这种震惊时常被种种感情所包围：不相信，不理解，义愤填膺以及对幸存者的关切。这几天我们都沉浸在这种悲哀之中，所以作为你们的女王和一位祖母，现在我要对你们说的是发自我内心的话。

首先，我要向戴安娜致以敬意。她是一位杰出的、富有才能的人，无论在好的时候还是坏的时候，她从来都保持着微笑，用她朗朗的笑声和爱心去温暖和激励其他人。

我钦佩她，而且尊敬她——因为她为他人付出了巨大的精力，承担了重要的责任，尤其是对她的两个儿子。

这个悲伤的星期里，我们要帮助威廉和哈里正确对待这灾难性的损失，这种损失是他们和我们其他人共同遭受的。

没有哪一个认识戴安娜的人会忘记她。那些没有见过她的千百万人，一旦感到自己了解她，就必定会记住她，怀念她。

我自认为我们应当从她的生活和她的死亡引起的非同凡响而感人至深的反应中吸取教训。

我会和你们一样在对她的回忆中感到快乐。

这里还请允许我代表我的家庭，尤其是查尔斯王子与威廉和哈里，感谢所有向这位杰出的女性献花、致信和通过各种方式向她表示敬意的人们。

这些充满爱心的行为一直是帮助和安慰的巨大源泉。

在这里我们还要向戴安娜的家庭和所有与她同遭不幸的死难者的家庭致意。我知道他们也从上周末发生的事件中汲取了力量，去愈合他们的悲伤，面对失去了一位亲人的未来。

我希望无论明天我们在何处，都能够加入表达我们悲凄之情的行列，感激她过于短暂却又贡献巨大的一生。

这是一个向全世界表达我们不列颠人民的悲哀和尊敬之情的机会。

安息吧，戴安娜！我们之中的每一个人都将感谢上帝让她给许多人带来幸福。

9月6日，戴安娜的葬礼在威斯敏斯特教堂举行。

这一天，英国王室所在的白金汉宫降半旗致哀。戴安娜生前最后的住所肯辛顿宫被花的海洋和成千上万的悼念者包围。伦敦到处回荡着披头士乐队演唱的歌曲：“让一切顺其自然，让我们笑看沉浮的云烟。所有的青春美丽，都要面临它的评判……”

载着戴安娜灵柩的跑车在皇家卫队和威尔士卫队的护送下，离开她生前居住的肯辛顿宫。查尔斯王子和他们的两个儿子威廉王子、哈里王子走在戴安娜的灵柩后面。在他们身后，是500名为慈善事业工作的人员，代表着戴安娜生前所关心或在其中担任职务的110个慈善团体。在他们的队伍中，还有坐在轮椅上的为禁雷运动而奔走呼吁的战争受害者。沿途百余万来自伦敦和英国各地的群众沉默肃立，向他们爱戴的戴安娜王妃致以最后的敬意。世界上有27.5亿人民——约占世界人口的一半，静静地坐在电视机前，在千万里之外向戴安娜道别。

悼念仪式由威斯敏斯特教堂的教长主持，参加葬礼的有英国女王伊丽莎白二世和其他王室成员，英国首相布莱尔也出席了葬礼。美国总统克林顿的夫人希拉里、法国总统希拉克的夫人贝尔纳黛特、美国前国务卿基辛格、世界著名男高音歌唱家帕瓦罗蒂等多个国家的来宾参加了戴安娜的悼念仪式。

戴安娜的弟弟查尔斯·斯宾塞代表斯宾塞家族所致的充满感情的悼词使会场内外激起了阵阵掌声。戴安娜生前的好友、著名流行音乐歌唱家埃尔顿还演唱了他特别为戴安娜改写歌词的《风中的蜡烛》。坎特伯雷大主教为戴安娜王妃进行了一场郑重布道。他说道：“感谢她的平易近人，感谢她那么富有魅力与同情心。我们怀念她的笑声。她用自己的温暖点亮了许多人的希望。她可贵的品质和同情心使她富有魅力。”悼念仪式结束后，全英国人民为戴安娜王妃默哀一分钟，这是大家自愿的，也是她该得的。最后，戴安娜王妃回到了自己的故居奥尔索普庄园，她的遗体在那里得到了安葬。

世界各国政要和知名人士纷纷发出唁电和悼词，从不同的角度评价了戴安娜一生的贡献和对后世的影响。

时任联合国秘书长安南发表声明表示，戴安娜的死使世界的贫困者和老弱病残者失去了一个最重要的人道主义声音。

时任美国总统克林顿说："我和妻子希拉里对她的不幸遇难感到无比地震惊和悲哀。我们熟悉她，喜爱她，敬佩她为孩子、艾滋病人、结束地雷灾难所做出的巨大贡献，也敬佩她对儿子威廉和哈里的慈爱……我们谨向她的家人、朋友，尤其是她的爱子表示深切哀悼。"

时任法国总统希拉克说："惊闻戴安娜女士猝然逝世，我极为悲痛……她是我们这个时代的年轻女性，热情、活泼和慷慨。她的死亡令人如此悲伤，因为她是大家熟识的一位名人。"

时任柬埔寨国王西哈努克表达了对戴安娜王妃的哀悼，王妃原本计划把访问柬埔寨作为她反地雷条约活动的一部分。"我代表柬埔寨皇室表达我诚挚的哀悼之情。"西哈努克国王用他特有的率真的口吻说，"这真是糟透了！"

意大利前总理迪尼显示出了特有的亚平宁半岛式

的感伤："戴安娜是个有个性的人，一个名人，一个令人如此钦佩的人。她的不幸对全世界的公民是一种震惊，她不应这么早结束生命，她太年轻了。"

时任德国总理科尔赞扬戴安娜的"风采和勇气"，尤其是她为人道主义事业做的大量工作。

澳大利亚——这里戴安娜受到疯狂追捧，其时任总理霍华德表达了他的痛惜之情："戴安娜王妃的悲剧性死亡使澳大利亚人民陷入了巨大的震惊和悲痛之中。一个如此年轻、如此迷人的女性就这样结束了她的生命，澳大利亚人民永远不会忘记戴安娜的魅力。"

时任加拿大总理克里斯蒂深为震惊地说："我希望能表达我对戴安娜王妃家庭以及所有在这场毁灭性的事故中遇难者的深深的哀悼。戴安娜王妃的官方地位和她的个人能力使她不仅对她的国家而且对这个世界做出了卓越的贡献。在这样一个极其艰难的时期，所有加拿大人民都会为她的儿子和其他家族成员祈祷。"

时任以色列总理内塔尼亚胡在他致英国首相布莱尔的一封信里，把戴安娜称为光辉、美丽和迷人的女性。他说："她表现出了大不列颠的崇高和温暖。她对儿子和无数不幸人们的无私奉献深深地印在了世界上千百万人的心中。她的死亡震惊了所有仰慕和因她而欢乐的人。"

美国前国务卿基辛格如此评论戴安娜："我知道她

相当敏感，有时又非常活泼，这位女士总是希望能对这个世界有所改变。”

罗马天主教苏格兰主教托马斯－威宁说：“在如此年轻的时候痛失生命，如此惨烈又如此突然，我备感悲痛。我谨向她的两位爱子、她的母亲和王室成员以及为她悲痛的人表示深切的慰问。不仅在苏格兰，也在全世界，她对社会不幸者的关爱是一笔宝贵的遗产。她是不幸人们的天使。这个早上，世界如此寂寞冷清。”

有些人活着，他已经死了；有些人死了，但他还活着。戴安娜因为自己令人疼惜的娇弱和对世人真诚的爱而永远地活在了人民的心中。直到现在，无论是戴安娜，还是那场童话般的婚礼，都让人难以忘怀。她的故事成了现实社会中最畅销的童话，而她本人，则在她变为公主后还是那个最受人民爱戴的“灰姑娘”。

后 记

“一带一路”相关国家众多，代表性人物众多，为中外交好、民心相通作出杰出贡献的人士众多。因此，为“一带一路”璀璨群星立传，既使命光荣，又责任重大。在这项浩大工程的策划、组织、执行过程中，有许许多多的人士参加了有关传主的名单征集和审定，以及写作、翻译、审读、编辑、出版、筹资、联络等繁重而琐细的工作。所有参与的人员，以拳拳报国之心，尽深厚学养之力，克服了时间紧、任务重、要求高、压力大等诸多困难与挑战，最终圆满完成了任务。在本书付梓之际，丛书编委会特向参与本项目的全体同志致以崇高敬意和衷心感谢！

同时特别需要鸣谢的是，提出策划并领导实施此项目的中国传记文学学会会长王丽博士，基于长期法律实务经验和担任“一带一路服务机制”主席职务的便利，她对相关国家和“走出去”的“一带一路”建设者和广大青少年的需求了解真切，提出应当为他们写一套介绍各国典型人物的简明易读的传记，为他们提供健康的精神食粮。她把这项“额外”的工作当成了事业，联袂商会筹集资金、苦口婆心招揽作者、精心挑选传主名录、夙夜青灯挥笔写作、近乎偏执逐字推敲、亲力亲为呕心沥血。面对如此浩大的出版项目和繁重的出版任务，中国出版集团华文出版社不但毅然承担了出版任务，而且集团和出版社的领导与中国传记文学学会的负责同志一起协商，寻求有关部门的支持和帮助，努力将该传系打造成高质量的精品好书。在此，我们特向项目牵头人和中国出版集团公司、华文出版社的相关领导和编辑致以崇高敬意和衷心感谢！

尤其让我们感动的是，在项目执行过程中，一些富有家国情怀的民间商会和企业家的慷慨解囊，虽不足以支撑项目的全部费用，但是他们所表现出的热心和支持，让我们坚定了走下去的信心和决心。在此，我们要特别鸣谢为本书的创作出版做出捐赠支持的中国民营经济国际合作商会、亿阳集团股份有限公司、富通集团有限公司以及太平洋证券股份有限公司，并对他们的拳拳报国之心和慷慨无私帮助致以崇高敬意和衷心感谢！

一项伟大的事业，离不开许多默默无闻的奉献者。在本传系的组织、编写、出版过程中，有历史、文学、科研、外交、教育、法律、翻译、出版等领域的数百位专业人士参与，恕不能在此处一一详列。需要特别提出的是，鞠思佳、景峰等同志为组织联络、搜集资料到处奔波而毫无怨言，唐得阳、唐岫敏、白明亮、谭笑等同志在编写、翻译和编辑、校对过程中的细致与负责让我们感动，赵实、胡占凡、高明光、吴尚之、刘尚军、李岩、王灵桂、李永全、陈小明、许正明、宋志军等同志睿智的指点和专业的帮助让我们避免了走许多弯路。在此，我们特向以上各位同志致以崇高敬意和衷心感谢！

当然，由于我们水平所限，本丛书难免有某些不尽人意之处和瑕疵，敬请学界专家和各位读者不吝赐教，我们将在作品再版之时吸收完善。在此，我们也向各位读者提前表示崇高敬意和深深感谢！

"'一带一路'列国人物传系"编委会

2018年3月8日